STEM教育培训系列

WeDo 2.0 乐高机器人初级教程

摆玉龙 主编 陈辉 范满红 副主编

清华大学出版社
北京

内容简介

本书内容主要包括乐高 WeDo 2.0 机器人套装简介、器件介绍、编程简介及 WeDo 2.0 实验项目。每个实验项目包括阅读与思考、设计与制作、程序编编看、拓展与提高、STEAM 内涵和英语角等。本书通过引导学生利用 WeDo 2.0 套件搭建生活中常见的模型，探索生活中的科学原理，初步理解力、速度、电机、集线器等重要的自然科学技术领域的基本概念，同时锻炼学生的英语表达能力。

本书可作为面向中、小学生综合实践活动的机器人教育课程教材，也可以供对机器人感兴趣的中、小学生在自学乐高机器人时参考。

图书在版编目(CIP)数据

WeDo 2.0 乐高机器人初级教程/摆玉龙主编. —北京：清华大学出版社，2019.12
STEM 教育培训系列
ISBN 978-7-302-53930-8

Ⅰ. ①W…　Ⅱ. ①摆…　Ⅲ. ①智能机器人—教材　Ⅳ. ①TP242.6

中国版本图书馆 CIP 数据核字(2019)第 224383 号

责任编辑：付弘宇
封面设计：刘　键
责任校对：胡伟民
责任印制：李红英

出版发行：清华大学出版社
网　　址：http://www.tup.com.cn，http://www.wqbook.com
地　　址：北京清华大学学研大厦 A 座　　**邮　　编**：100084
社 总 机：010-62770175　　**邮　　购**：010-62786544
投稿与读者服务：010-62776969，c-service@tup.tsinghua.edu.cn
质量反馈：010-62772015，zhiliang@tup.tsinghua.edu.cn
印 装 者：北京嘉实印刷有限公司
经　　销：全国新华书店
开　　本：170mm×240mm　　**印　　张**：9.5　　**字　　数**：150 千字
版　　次：2019 年 12 月第 1 版　　**印　　次**：2019 年 12 月第1 次印刷
印　　数：1～2000
定　　价：59.00 元

产品编号：081676-01

前言

…PREFACE

STEAM，即科学（Science）、技术（Technology）、工程（Engineering）、艺术（Art）和数学（Mathematics）的英文首字母组合。STEAM 教育（STEAM Education）源于美国，它的基本目标是培养学生的 STEAM 素养。STEAM 教育并不是科学、技术、工程、艺术和数学教育的简单叠加，而是要将五门学科内容组合形成有机整体，强调多学科的交叉融合，以更好地培养学生的创新精神与实践能力。

本书内容主要包括乐高 WeDo 2.0 机器人套装简介、器件介绍、编程简介、WeDo 2.0 实验项目。每个实验包括阅读与思考、设计与制作、程序编编看、拓展与提高、STEAM 内涵和英语角等。本书通过引导学生利用 WeDo 2.0 套件搭建生活中常见的模型，探索生活中的科学原理，初步理解力、速度、电机、集线器等自然科学技术领域的基本概念。同时，通过创造和发明各类生活中常见的动物、植物和交通工具等模型，编写程序让作品动起来，初步学会将编程知识和科学原理应用于现实生活。

在特色方面，本书特别参照小学英语中的关键知识点要求，以“双语乐高”的全新模式，将英语学习与乐高创作有机结合，在教学中以英文方式提出问题，介绍项目背景，力求做到“做中学”“学中做”。本书涵盖小学英语词汇、日常用语、重要句型和日常谚语等，创设的语言情境和项目实践既可以锻炼学生的语言表达能力，又可以提高学生的动手能力。

本课程使得素质教育进一步向提高实践技能的方向发展，突出蕴含 STEAM 教育理念的项目特征，进一步满足各层次学校在机器人教学、人工智能教学方面的需求，为中小学综合实践活动的开展提供参考。本书可作为机器人初学者的学习用书，也可作为开设机器人课程或社团活动的参考用书。

本书由摆玉龙任主编，陈辉和范满红任副主编。西北师范大学创新创业学院 STEAM 创新教育工坊成员宫涛涛、孙洪阳、张福祥、马努亥、黄玉婷、星文燕等准备了教案并参与了编写，其中宫涛涛做了大量的整理与校对工作。

在本书的编写过程中，编者参考了乐高教育 WeDo 2.0 课程包和许多优秀教材，在此向各位作者表示真诚的谢意。感谢甘肃省高等学校创新创业教育慕课“STEAM 教育创业讲坛(走进电世界)”对本书的资助。

由于编者水平有限，加之时间仓促，不妥之处在所难免，恳请读者批评指正。

编　者

2019 年 6 月

目　录

CONTENTS

第一课 风扇

学习目标

(1) 了解电风扇的发明历史；

(2) 搭建具有“汉堡包”结构的风扇；

(3) 对风扇编程，使风扇按照不同的速度转动。

关键词汇(Key Words)：风扇、旋转速度、编程、控制。

阅读与思考

情景导入：思思和迪迪是思迪目机器人学园里的科技小达人，他们喜欢科技制作。思思聪明伶俐，擅长机器人搭建、机械结构设计；迪迪思维缜密，擅长程序设计、作品测试。

夏天到了，天气越来越炎热了。思思和迪迪正在实验室里搭建作品，为了能够舒舒服服地工作，他们需要一台风扇来降低实验室的温度，如图 1-1 所示，快来帮助思思和迪迪搭建一台风扇吧！

你能搭建出一台可以旋转的风扇吗？

图 1-1 电风扇

设计与制作

了解风扇的结构和工作原理。风扇是通过电源给电机供电、电机带动扇叶旋转的一个装置。

（1）搭建风扇的底座（带电源和控制）；

（2）在底座上安装电机，并安装扇叶；

（3）连接风扇和编程设备，并对风扇进行编程。

图 1-2 为参考的搭建方式。

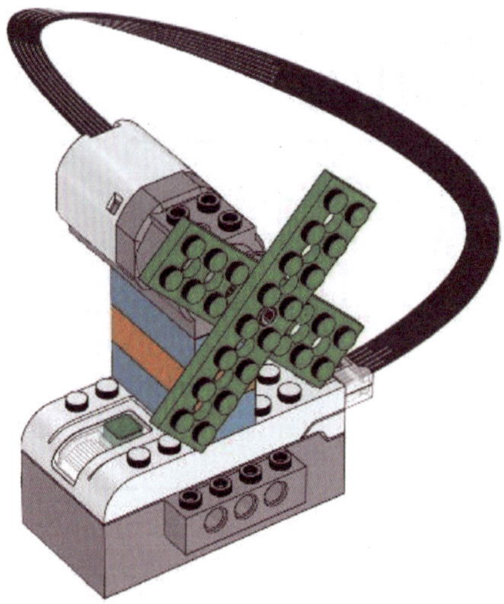

图 1-2 风扇基本构建图

程序编编看

炎热的夏天需要风扇来降温，快给你的风扇编程，让它旋转起来吧。参考程序如图 1-3 所示。

图 1-3　WeDo 2.0 程序样例

当你的风扇可以正常旋转以后，改进你的程序，试试你的风扇还可以实现哪些功能。

拓展与提高

对于夏天炎热的天气，我们需要风扇有不同的旋转速度来降低温度。首先对你的风扇程序进行改进，让它可以按照不同的速度来工作，而且还可以控制它转或停。

最后小朋友们各自展示一下自己的作品，说明各自风扇的功能。

检测与评估

评价和标准

作品的执行情况占____%，创意和美观占____%。

执行情况

- □ 风扇叶能够转动；
- □ 尝试加大电机转速，观察风扇叶的变化情况；
- □ 对比观察与其他小朋友作品的区别；
- □ 能够阐述能量转换原理、风扇转动原理。

创意和美观

A. 别出心裁，独一无二

B. 设计新颖，创意突出

C. 循规蹈矩，创意不明

D. 旧调重弹，有待改进

STEAM内涵

【“讲”科学】

风的知识：风是由空气流动引起的一种自然现象，自然界的风是由太阳辐射热引起的。太阳光照射在地球表面上，使地表温度升高，地表的空气受热膨胀变轻而上升。热空气上升后，冷空气横向流入，上升的空气因逐渐冷却变重而降落，由于地表温度较高又会加热空气使之上升，这种空气的流动就产生了风。

空气流动所形成的动能称为风能。风能是太阳能的一种转化形式。中国蕴含着丰富的风能资源，但目前我国在风能预报方面的研究还很不足。

【“学”技术】

在 WeDo 2.0 中，“梁”与“块”的组合形成稳定的结构，是最常用的设计技术。“汉堡包”结构就是由上下两根孔梁以及中间的两个薄块组成的，是用来将孔、梁连接起来的结构。由于它的形状像“汉堡”，因此形象地称为“汉堡包”结构。汉堡包结构示意图如图 1-4 所示。

图 1-4　汉堡包结构示意图

英 语 角

【Daily Sentences】

询问天气状况。

1. What's the weather like in Beijing?　北京的天气如何？

It's rainy today. How about Lanzhou? 今天是雨天。兰州呢?

It's sunny and hot. 今天是晴天,天气很热。

2. It's warm today. 今天很暖和。

3. It's cool. 今天很凉爽。

【Daily Stories】(难度系数:★★★☆☆)

本节课的关键词是"风",让我们来阅读一篇关于"风和太阳"的英语故事。

The Wind and The Sun 风和太阳

The wind and the sun decided to have a bet. The wind knew that the sun had no strength and believed that he could win. "I'm the best in the world." "Mr. Wind, why don't you and I find out who is the stronger one."

Just then a traveler was walking by. "Why don't we find out who could first take off that man's jacket." The sun confidently suggested. "Fine."

The wind confidently, with all his strength began to blow. Just then the clear blue sky and the sun was no where to be seen and only the wind began to blow. The traveler tucked his jacket in closer and said, "Why is it so cold all of a sudden?" The stronger the wind blew, the traveler pulled his jacket closer and closer to him.

"Whew, I'm so cold where has the sun gone to? If this keeps up, I'm going to fly off." The traveler stopped and tucked in his jacket even more.

The sun arrived with a big smile on his face. "Now it is my turn." The sun beamed his warm sunlight. The exhausted wind stepped back.

The traveler wiped his sweat and said, "Just a little while ago, the wind was blowing strongly how is it all of a sudden, the sun is shining down." The traveler took off his jacket and threw it down.

The sun gave a big smile and said, "Wind, there are something in his world that can't be done by strength alone." The boastful wind was so embarrassed that he ran off.

【译文】 风和太阳决定打赌。风知道太阳没有力量，相信自己能赢。“我是世界上最好的。”“风先生，你和我为什么不比比看谁更强壮？”

就在这时，一个旅行者走过来。“为什么我们不比比看谁能先脱掉那人的夹克呢？”太阳自信地建议道。“很好。”

风满怀信心，用他所有的力气开始吹。就在那时，晴朗的蓝天和太阳都看不见了，只有风在吹。旅行者把夹克掖得更紧，说：“为什么突然这么冷？”风越刮越大，旅行者把夹克扯得越来越紧。

“哎呀，真冷，太阳到哪儿去了？如果再这样，我就要被吹飞了。”旅行者停下来，把夹克塞得更紧了。

太阳来了，脸上带着灿烂的微笑。“现在轮到我了。”阳光温暖地照耀着。枯竭的风退了回去。

旅行者擦了擦汗水说：“就在刚才，风还刮得很猛，怎么突然太阳就出来了呢？”旅行者脱下夹克，把它扔到地上。

太阳灿烂地笑了笑，说道：“风，世界上有些东西是无法用力量来完成的。”自吹自擂的风觉得很尴尬，他跑掉了。

第二课 科学探测车

学习目标

(1) 了解科学探测车的用途;

(2) 利用齿轮啮合原理搭建一辆科学探测车;

(3) 编写程序,让探测车动起来。

关键词汇(Key Words):齿轮啮合、科学探测车。

阅读与思考

情景导入:思思和迪迪准备在偏远地区进行一场探险,他们准备找到一种珍贵的动物并拍照留念。但是由于山路崎岖,他们需要借助科学探测车的帮助。

观看科学探测车的视频,同学们认识了科学探测车,那同学们有没有考虑过是什么让探测车动起来了呢?让我们一起制作一辆科学探测车，了解是什么让探测车能够飞快地跑起来，以及它如何探测到感兴趣的物体。

图 2-1、图 2-2 分别是火星探测车和月球探测车模型。

图 2-1　火星探测车

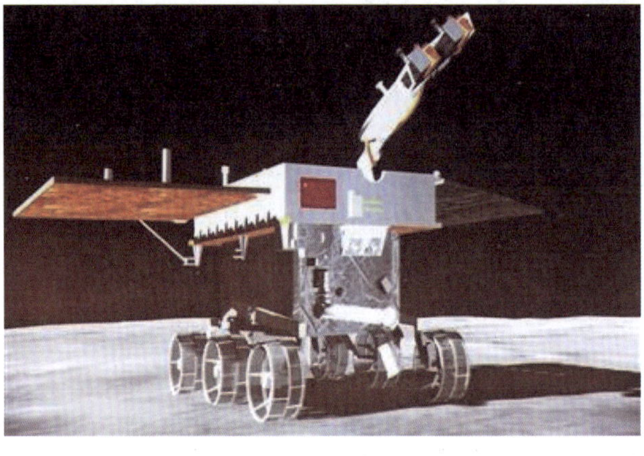

图 2-2　月球探测车模型

设计与制作

使用乐高积木搭建一辆科学探测车，使它能够运动起来。

图 2-3 为参考的搭建方式。

图 2-3　科学探测车基本构建图

程序编编看

给你的科学探测车编写一个程序，让它动起来，并记录下你的程序（图 2-4 为参考的程序）。

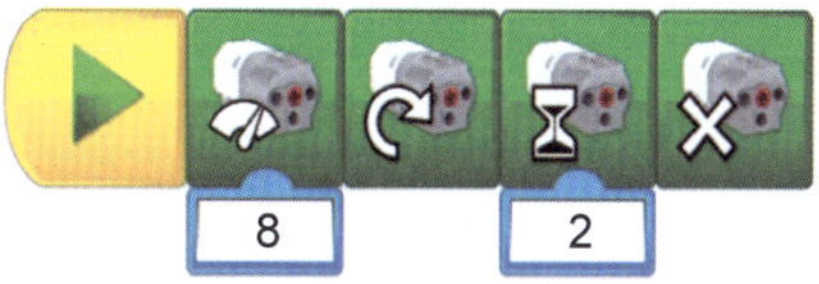

图 2-4　WeDo 2.0 程序样例

拓展与提高

增加电机的功率，让探测车跑得更快。

1. 试试看给你的探测车多加个轮子，它能够跑得更快吗，将你的结果记录下来。

2. 想想看电机除了能够带动轮子转动，还能够做什么工作，将你的想法分享出来。

检测与评估

评价和标准

作品的执行情况占____%，创意和美观占____%。

执行情况

- □ 科学探测车能够移动；
- □ 可以检测到外来物体靠近；
- □ 在探测车的搭建设计中有独特的创新点；
- □ 在探测车的运动过程中是否出现零件散架。

创意和美观

A. 别出心裁，独一无二

B. 设计新颖，创意突出

C. 循规蹈矩，创意不明

D. 旧调重弹，有待改进

STEAM内涵

【“讲”科学】

月球探测器即探测月球的航天器。月球探测的目的是了解太阳系的起源、演变史，了解月形、月貌、月质，探索、开发和利用月球资源，建立月球基地和人类定居点。20世纪50年代末至今，美国、苏联/俄罗斯、日本、欧洲航天局、中国和印度先后进行了月球探测，20世纪90年代以来兴起了新一轮的热潮，关注重点是月球上水冰的存在。从1958年至1976年，苏联发射了24个月球号探测器，其中18个完成了探测月球的任务。美国为“阿波罗”号飞船登月作准备而发射了不载人月球探测器系列。其中，“勘测者”号探测器从1966年5月到1968年1月共发射7个，除2号和4号外，其余都在月面软着陆成功。探测器主要是进行月面软着陆试验，探测月球，并为“阿波罗”号飞船载人登月选择着陆点。“勘测者”号的主要仪器和设备有：电视摄像机、测定月面承载能力的仪器、月壤分析设备和微流星探测器。其中“勘测者”1号是美国第一个在月球上实现软着陆的探测器；3号和7号除装有电视摄像机外，还装有月面取样用的小挖土机，可掘洞取出岩样进行分析；5～7 号都带有扫描设备，用以测定月壤化学成分。

【“学”技术】

电机(electric machinery，electric motor，俗称“马达”)是指依据电磁感应定律实现电能转换或传递的一种电磁装置。它的主要作用是产生驱动转矩，作为用电器或各种机械的动力源。发电机的主要作用是将机械能转化为电能，目前最常用的是利用热能、水能等推动发电机转子来发电。电机按工作电源种类划分，可分为直流电机和交流电机。

WeDo 2.0 中的电机属于直流电机，工作原理是把电枢线圈中感应的交变电动势，靠换向器配合电刷的换向作用，使之从电刷端引出时变为直流电动势的原理。

在本书中，通过程序控制电机的正转、反转、转动时间和转动的功率，将电能转换为机械能，来实现各种运动。

abc 英语角

【Daily Sentences】

Identifying Objects 辨别物品

1. What is this? 这是什么？

   It is a scientific research car. 这是一辆科学探测车。

2. What is it used for? 它是干什么用的？

   It can do an experiment. 它可以做实验。

   It can do a lot of things. 它可以做许多事情。

   So，the car can run. 因此，车可以运动。

   The car can take pictures. 小车可以拍照。

3. Is this your handbag? 这是你的手提包吗？

   No，it isn't./Yes，it is. 不，它不是。/是的，它是。

4. Whose pen is this? 这是谁的笔？

   It's Kate's. 是凯特的。

5. What do you call this in English? 这个用英语怎么说？
6. What is the color of your new book? 你的新书是什么颜色的？
7. How big is your house? 你的房子有多大？
8. How long is the street? 这条街有多长？
9. What's the name of the cat? 这猫叫什么名字？
10. Where's the company? 那个公司在哪儿？
11. Which is the right size? 哪个尺码是对的？

【Daily Stories】（难度系数：★★★☆☆）

本节课的关键词是“科学探测车”，让我们来阅读一篇关于机器人的短文。

Robots are becoming a big part of our lives. There may be half a million robots in the U.S. 20 years from now. These machines are changing the way of work that is being done. Thousands of robots are used in factories. These robots are not like the robots in movies. They don't walk or talk. Instead, a robot may be just metal arm. The robot arm can do a certain job in a factory over and over again. It can do jobs that people may not want to do. A robot never gets tired of doing the same thing. Sometimes a robot gets to do more exciting work. In Canada, police are using a robot on wheels. This robot's job is to take apart bombs that may go off.

第三课 飞机营救

学习目标

(1) 了解飞机小常识；

(2) 巩固齿轮传动的原理；

(3) 能够分析飞机营救的工作原理。

关键词汇(Key Words)：飞机、倾斜传感器。

阅读与思考

情景导入：思思和迪迪在看电视，在节目中飞机驾驶员正坐在飞机里驾驶飞机飞行。“噢，不！”他突然大喊起来，“发动机要熄火了！”为了帮助他解决飞机发动机熄火的问题，你能搭建出一架会根据摇摆方向改变速度的飞机吗？

飞机模型底部和飞机模型整体分别如图 3-1、图 3-2 所示。

图 3-1　飞机模型底部

图 3-2　飞机模型

你能搭建出一架飞机，让它在升起和降落的时候改变速度吗？

设计与制作

设计并搭建一架飞机，让它在升起和降落时改变螺旋桨的速度。

(1) 用电机带动螺旋桨；

(2) 加上一个倾斜传感器，识别飞机的升起和降落；

(3) 设计飞机程序，使飞机在不同的倾斜程度下螺旋桨的转速不同。

图 3-3 为参考的搭建方案。

图 3-3　飞机模型整体效果图

程序编编看

给你的飞机编写一个程序，让它在升起和降落时改变速度，并记录下你的程序(图 3-4 为参考程序)。

图 3-4　WeDo 2.0 程序样例

当飞机升起或降落时，给你的飞机加上一个不同的声音。要求用你的倾斜传感器来识别飞机的升起和降落，并分别发出不同的声音。给它编程，并记录下你的程序。

拓展与提高

搭建一架飞机，速度会根据倾斜角度不同而改变，并且不同的螺旋桨转动速度，飞机的声音也不同。可以采用电机带动螺旋桨转动，在飞机中安装倾斜传感器的方法，也可以自己想一个新的办法。

按表 3-1 所示，记录自己飞机的状态。

表 3-1 飞机的状态

	表示	速度	声音

其他 ⋮			

检测与评估

评价和标准

作品的执行情况占____%，创意和美观占____%。

执行情况

□ 能够根据摇摆方向使飞机转速改变；

□ 能够说出飞机的发明者以及飞机的种类；

□ 能够说出编程中用到的模块和原理；

□ 跟同学、老师交流学习心得。

创意和美观

A. 别出心裁，独一无二

B. 设计新颖，创意突出

C. 循规蹈矩，创意不明

D. 旧调重弹，有待改进

STEAM内涵

【“讲”科学】

飞机发展史：滑翔机——喷气式飞机——直升飞机——民航客机——飞机巴士。

1. 滑翔机：美国莱特兄弟在1903年制造出了第一架依靠自身动力进行载人飞行的飞机“飞行者”1号，并且试飞获得成功。

2. 喷气式飞机：德国设计师奥安在新型发动机研制上是最早取得成功的。1939年8月27日，奥安使用他的发动机制成He－178喷气式飞机。

3. 直升飞机：1939年9月14日，世界上第一架实用型直升机诞生，它是美国工程师西科斯基研制成功的VS－300直升机。

4. 民航客机：20世纪20年代，飞机开始载运乘客。第二次世界大战结束初期，苏联、美国等国家开始把大量的运输机改装成为客机，著名的有苏联生产的安－22、伊尔－76，美国生产的C－141、C－5A、波音－747，法国的空中客车等。

5. 飞机巴士、空中客车：错综复杂的空中航线把世界各国连接起来，为人们提供了既方便又迅速的客运。

飞机(aeroplane，airplane)是指由具有一具或多具发动机的动力装置产生前进的推力或拉力，由机身的固定机翼产生升力，在大气层内飞行的重于空气的航空器。如果飞行器的密度小于空气，那它就是气球或飞艇。如果没有动力装置，只能在空中滑翔，则称为滑翔机。

飞行器的机翼如果不固定，靠机翼旋转产生升力，就是直升机或旋翼机。固定翼飞机是最常见的航空器类型。动力的来源包含活塞发动机、涡轮螺旋桨发动机、涡轮风扇发动机或火箭发动机等。

【"学"技术】

倾斜传感器的理论基础是牛顿第二定律：根据基本的物理原理，在一个系统内部，速度是无法测量的，但却可以测量其加速度。如果初速度已知，就可以通过积分算出线速度，进而可以计算出直线位移，所以它其实是运用惯性原理的一种加速度传感器。当倾斜传感器静止时，也就是侧面和垂直方向没有加速度作用，那么作用在它上面的只有重力加速度。重力垂直轴与加速度传感器灵敏轴之间的夹角就是倾斜角。

abc 英语角

【Daily Words and Sentences】

➢ 交通工具

bike 自行车	bus 公共汽车	train 火车
jeep 吉普车	ship 轮船	yacht 快艇
motor cycle 摩托车	boat 小船	car 小汽车
taxi 出租车	van 小货车	plane/airplane 飞机

subway/underground 地铁

➢ 询问乘坐的交通工具及回答

1. How do you go to school?

   I go to school by bus.

2. How does she go to work?

   She goes to work by bike/on foot.

3. I prefer traveling by train.

【Daily Stories】（难度系数：★★☆☆☆）

本节课的关键词是"飞机"，请阅读以下关于飞机的诗歌。

Plane 飞机

Planes, planes, in a plain row.

飞机，飞机，排一排，

Flying to the places we plan to go.
飞到我们想去的地方。
We plan to plant trees in one row.
我们要种一排树。
We plan to play wherever we go.
我们要去我们想去的地方玩。
Flying to wherever we
飞到我们想去玩的
plan to play.
任何地方。

第四课 赛车

学习目标

(1) 通过视频使学生了解赛车的结构和原理；

(2) 根据视频让小朋友能够描述出赛车的构成；

(3) 掌握赛车原理即齿轮啮合原理。

关键词汇(Key Words)：赛车、齿轮啮合。

阅读与思考

情景导入：思思和迪迪在路边玩耍，突然看见马路上有很多辆车在比赛，他们很好奇这些车辆为什么会跑得这么快，于是他们就开启了自己的探险之旅。

赛车和玩具小车分别如图 4-1、图 4-2 所示。

图 4-1　赛车

图 4-2　玩具小车

你能搭建出别具一格的赛车，让它以不同的速度前进吗？

设计与制作

用 WeDo 2.0 积木搭建一辆赛车。

（1）用电机带动一个齿轮；

（2）齿轮与齿轮间进行传动；

（3）齿轮再带动车轮转动。

图 4-3 为参考的搭建方式。

图 4-3　赛车基本构建图

程序编编看

给你的赛车编写程序，使其可按照不同的速度前行。参考程序如图 4-4 所示。

图 4-4　WeDo 2.0 程序样例

拓展与提高

1. 改变程序里的电机转速，观察赛车的状态。
2. 思考影响赛车速度的因素有哪些。

检测与评估

评价和标准

作品的执行情况占____%，创意和美观占____%。

执行情况

□ 小赛车能够跑起来；

□ 小赛车结构合理，性能稳定；

□ 小赛车的装饰精美，体现出了艺术特点；

□ 小赛车结构不稳定，会出现“散架”现象。

创意和美观

A. 别出心裁，独一无二

B. 设计新颖，创意突出

C. 循规蹈矩，创意不明

D. 旧调重弹，有待改进

STEAM内涵

【“讲”科学】

赛车运动分为两大类，场地赛车和非场地赛车。赛车运动已有超过100年的历史。最早的赛车比赛是在城市间的公路上进行的。后来许多赛车手因为公路比赛极大的危险性而丧生，于是专业比赛赛道应运而生。第一次赛车比赛于1887年4月20日在巴黎举行。格兰披治一级方程式(Grand Prix Formula One，简称F1)大奖赛是目前世界上速度最快、费用最昂贵、技术水平最高的比赛，也是方程式汽车赛中最高级别的比赛。世界上首次在赛车场上举行的赛车比赛于1900年在法国的默伦举行。现代的世界一级方程式锦标赛是于1950年在英国银石赛车场开始的，2004年中国上海参加了锦标赛，由国际汽车联合会安排比赛。

每辆F1赛车都是世界著名汽车厂家的精心杰作。一辆这种赛车的价值超过七百万美元，甚至不亚于一架小型飞机的价值。F1汽车大赛不仅是赛车手勇气、驾驶技术和智慧的竞争，其背后还进行着各大汽车公司之间科学技术水平的竞争。福特汽车公司就形象地把汽车大赛比作“高科技奥运会”。在汽车大赛中推出的新型赛车，从设计到制造都凝聚着众多研制者的心血，代表着一家公司乃至一个国家的高科技最新水平。汽车大赛还是各国科技人才素质的较量。

【“究”数学】

在一个星期天的早上，思思和迪迪约好在广场上一块儿比赛玩赛车。已知思思的赛车的速度为20cm/s，迪迪的赛车的速度是思思赛车速度的两倍，经过5分钟的比赛，问思思和迪迪之间的距离是多少厘米？

abc 英语角

【Daily Sentences】

问某人正在做什么及回答。

1. What does he do?
   He is driving a car.
2. What are you doing?
   I am watching TV.
3. What are they doing?
   They are playing games.
4. When the bus comes to a stop, some children get on. Here we are; let's get off at once.
5. When does the bus leave the station? It will leave at 8∶30/6∶30.

【Daily Stories】（难度系数：★★★★☆）

本节课的关键词是“小汽车”，让我们来阅读一篇关于私家车的英语短文。

Nowadays, any Chinese can enjoy the luxury of owning a private car - if he or she can afford it. Having a car of your own means no more traveling to work on crowded buses or subway trains, and you can drop off the children at school on the way. Moreover, it also means that you can enjoy the weekends and holidays better, because with a car you can go to places where the regular buses and trains do not go, and so you can find a quiet scenic spot with no crowds.

However, there are drawbacks to owning a car. For one thing, with the increase in car ownership in recent years, the roads are becoming more and more crowded, often making the journey to work more of a nightmare than a dream. For another, it is not cheap to run a car, as the prices of gasoline and repairs are constantly rising, not to mention the prices you have to pay for a licence and insurance coverage.

Having considered both sides of the argument, I have come to the conclusion that the advantages of owning a car outweigh the disadvantages. Therefore, it seems to me that China should increase its output of automobiles and enlarge the private car market. The result would be that cars would become cheaper, while at the same time the extra demand would encourage the auto industry to produce more efficient and family-oriented vehicles.

第五课 扫地车

学习目标

(1) 了解扫地车的发明过程；

(2) 熟悉扫地车的构造和皮带传动原理；

(3) 能够描述扫地装置的工作原理。

关键词汇(Key Words)：扫地车、皮带传动、对称性。

阅读与思考

情景导入：思思和迪迪在路边看见清洁工人开着一辆小型车，于是他们好奇地跑上去看，最后他们决定自己用乐高积木搭建一辆扫地车。

扫地车是将扫地、吸尘相结合的一体化垃圾清扫车，具有工作效率高、清洁成本低、清洁效果好、安全性能高、经济回报率高等优点，已经被广泛应用于各大中小城市的道路清扫工作。扫地车模型和示意图分别如图 5-1、图 5-2 所示。

图 5-1　扫地车模型

图 5-2　扫地车示意图

你能搭建出一辆扫地车，让它可以在马路上边行驶边扫地吗？

设计与制作

用乐高积木搭建一辆扫地车。

（1）用电机带动一个滑轮转动；

（2）滑轮再带动皮带转动；

（3）皮带再带动扫地装置进行转动。

图 5-3 为参考的搭建方式。

图 5-3 扫地车基本构建图

程序编编看

给你的扫地车编写程序,使其可以清理垃圾(以小零件代替)。参考程序如图 5-4 所示。

图 5-4 WeDo 2.0 程序样例

思考:还有别的方法可以让你的扫地车变得与众不同吗?

拓展与提高

1. 怎么样才能让扫地车边走边扫地呢?发挥你的想象力。

2. 扫地车的外形构造有三部分,你可以自己设想在后面添加一个垃圾箱会是怎样的效果。

检测与评估

评价和标准

作品的执行情况占____%，创意和美观占____%。

执行情况

□ 能够实现扫地装置的旋转功能；

□ 能够阐述扫地装置的基本原理；

□ 能够实现边走边扫功能；

□ 外观设计独特，增设了垃圾存储箱。

创意和美观

A. 别出心裁，独一无二

B. 设计新颖，创意突出

C. 循规蹈矩，创意不明

D. 旧调重弹，有待改进

STEAM内涵

【“讲”科学】

扫地车是将扫地、吸尘相结合的一体化垃圾清扫车，具有工作效率高、清洁成本低、清洁效果好、安全性能高、经济回报率高等优点，已经被广泛应用于各大中小城市的道路清扫工作。部分扫地车配有洒水功能，防止清扫过程起尘，造成二次环境污染。其中电动扫地车具有节能环保、静音效果好等优点。电动扫地车工作效率高，每小时清扫 9800 平方米，相当于 20 名人工的清扫效率；作业时间长，充一次电可连续使用 8 小时，连续清扫 70000 平方米；使用成本低，一天只需 3 元电费，易损件便宜，每年只需要更换两次。机械代替人工清扫，是保洁行业的必然趋势。

【"究"数学】

1. 清洁工人早晨上班时间是________(请按照数字方式填写)。

2. 扫地车行驶速度设为0.5m/s,行驶了10分钟,扫地车行驶了____ m。

3. 观察生活中的扫地车装置,能够发现它一共有________个座位。

abc 英语角

【Daily Words】

Shall we start with some housework words?

do housework 做家务

cook the meals 做饭

water the flowers 浇花

sweep(swept) the floor 扫地

clean the bedroom 打扫卧室

make(made) the bed 铺床

set(set) the table 摆饭桌

wash the clothes 洗衣服

do the dishes 洗碗碟

【Daily Stories】(难度系数:★★☆☆☆)

本节课的关键词是"扫地车",让我们来阅读一些关于做家务的英语对话。

Could you take the garbage out?

请你把垃圾拿出去好吗?

A: Sweetheart, Could you take the garbage out?

亲爱的,请你把垃圾拿出去好吗?

B: OK, I'll do it right after the basketball game.

好,看完这场篮球赛我就去。

I'll wash the dishes.

我会负责洗碗碟。

A: I'll help you wash the dishes. Mom!

妈,我会帮你洗碗碟。

B: Thanks for giving me a helping hand!

谢谢,你真是妈妈的好帮手!

Could you please give me a hand?

请帮我一下!

A:Honey,Could you please give me a hand?

亲爱的,请帮我一下好吗?

B:Yes, sweetheart. How can I help?

没问题,甜心,要做些什么呢?

Don't forget to wipe the table!

别忘了擦桌子!

A:Tommy don't forget to wipe the table after dinner.

汤米,别忘了饭后要擦桌子。

B:OK, mum. I won't forget.

好的,妈妈,我不会忘记的。

第六课 避障车

学习目标

(1) 了解智能汽车(避障车)的基本原理;

(2) 了解避障车的工作原理;

(3) 掌握避障车的搭建过程。

关键词汇(Key Words):避障车、运动传感器。

阅读与思考

情景导入:思思和迪迪走在马路上,没注意看红绿灯,结果在过马路的时候差点撞到车,庆幸的是他俩并没有被车撞到,因为这是一辆避障车,即在普通车辆上装有一双眼睛,这样在遇见障碍物时它会自动停止,可以减少交通事故。避障车模型如图 6-1、图 6-2 所示。

图 6-1　避障车模型(一)

图 6-2　避障车模型(二)

你能搭建出一辆避障车，让它可以在马路上躲开障碍物吗？

设计与制作

用乐高积木搭建一辆避障车。

(1) 用电机带动齿轮转动；

(2) 齿轮再带动轮子转动；

(3) 合理安装传感器,实现探测功能。

图 6-3 为参考的搭建方式。

图 6-3　避障车基本构建图

程序编编看

给你的避障车编写程序,使其可以在遇见障碍物的时候自动躲避。参考程序如图 6-4 所示。

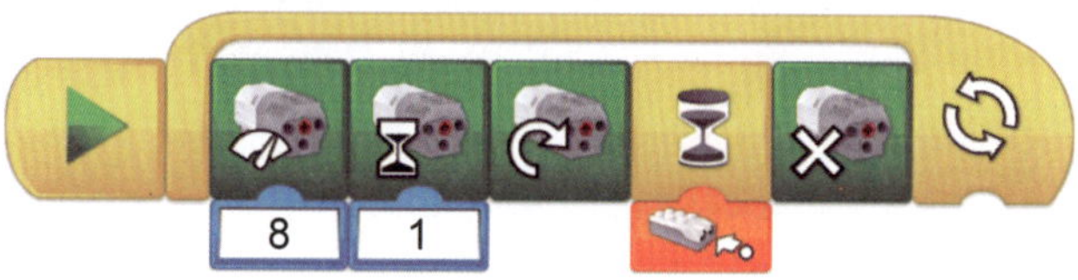

图 6-4　WeDo 2.0 程序样例

思考:避障车能自己送货吗?现实生活中的快递能将快件自动送到收件人的手中吗?

拓展与提高

1. 避障车主要由哪几部分构成?

2. 避障车里起主要作用的是哪个零部件？

检测与评估

评价和标准

作品的执行情况占____%，创意和美观占____%。

执行情况

☐ 能够实现避障功能；

☐ 了解运动传感器的原理及在避障车中的作用；

☐ 能够简述“U 型结构”的原理；

☐ 能够解释程序设计中各模块的功能。

创意和美观

A. 别出心裁，独一无二

B. 设计新颖，创意突出

C. 循规蹈矩，创意不明

D. 旧调重弹，有待改进

STEAM内涵

【“讲”科学】

距离（运动）传感器根据其工作原理的不同可分为光学距离传感器、红外距离传感器、超声波距离传感器等多种。目前避障车上使用的距离传感器大多是红外距离传感器，它具有一个红外线发射管和一个红外线接收管，当发射管发出的红外线被接收管接收到时，表明距离较近，小车停止，而当接收管接收不到发射管发射的红外线时，表明距离较远，小车无须停止。

【"学"技术】

在 WeDo 2.0 中，一般涉及让车类作品动起来时，我们就会用到"U型结构"，它主要包含锥齿轮、双锥齿轮以及两根轴，锥齿轮与双锥齿轮垂直啮合将水平方向的运动转变为竖直方向的运动。

abc 英语角

【Daily Sentences】

What are we going to do today? We are going to make an obstacle avoidance car.

What are you going to do? I am going to ……

go and have a look 去看一看

go back 回去

go boating 去划船

go fishing 去钓鱼

go for a walk 去散步

go home 回家

go on a diet 节食

go out 出去

go shopping 去购物

go sightseeing 去观光

go skating 去溜冰

go skiing 去滑雪

go straight on 直走

go swimming 去游泳

go to bed 去睡觉

go to school 去上学

go to the cinema 去看电影

go to work 去上班

【Daily Stories】（难度系数：★★★★★）

本节课的关键词是"避障车"，让我们来阅读一篇关于智能汽车的英语短文吧。

An Intelligent Car 智能车

Driving needs sharp eyes, keen ears, quick brain, and coordination between hands and the brain. Many human drivers have all these and can control a fast-moving car. But how does an intelligent car control itself?

开车需要目光锐利、耳朵灵敏、反应敏捷和手脑间的合作，许多人类司机这些条件都具备，可以控制一辆急速行驶的汽车，但一辆智能车如何实现自控？

There is a virtual driver in the smart car. This virtual driver has "eyes","brains","hands" and "feet",too. The mini-cameras on each side of the car are his "eyes",which observe the road and conditions ahead of it. They watch the traffic to the car's left and right. There is also a highly automatic driving system in the car. It is the built-in computer, which is the virtual drivers "brain". His "brain" calculates the speeds of other moving cars near it and analyzes their positions. Basing on this information, it chooses the right path for thc intelligent cars, and gives instructions to the "hands" and "feet" to act accordingly. In this way, the virtual driver controls his car.

智能车中有一位虚拟驾驶员，这位司机同样有"眼"，有"脑"，有"手"，有"脚"。车两侧的微型摄像头就是它的眼，负责观察车前面的情况，也注意车两侧的交通情况。车中也有高度自动化的驾驶系统，这就是内置的电脑，也就是虚拟司机的"大脑"。这个"大脑"计算出车附近正在运动的车辆的速度，并分析它们的位置。基于这些信息，它为智能车选择最佳路径，并给出指示以让"手""脚"做出相应动作，虚拟司机就是这样对车辆进行控制。

What is the virtual driver's best advantage? He reacts quickly. The mini-cameras are sending images continuously to the "brain". It completes the processing of the images within 100 milliseconds.

However, the world's best driver at least needs one second to react. Besides, when he takes action, he needs one more second.

虚拟司机的最大优点是什么？他的反应速度很快。微型摄像头不断向“大脑”发送图像数据，“大脑”完成图像处理的时间为100ms。然而，世界上最优秀的人类司机也至少需要1s的反应时间。当他付诸行动时，又另外需要1s。

The virtual driver is really wonderful. He can reduce the accident rate considerably on expressway. In this case, can we let him have the wheel at any time and in any place? Experts warn that we cannot do that just yet. His ability to recognize things is still limited. He can now only drive an intelligent car on expressways.

虚拟司机的确很棒。在高速公路上，他可大大减少事故发生率。鉴于此，我们是否可以让他在任何时间、任何地点都驾驶汽车呢？专家们警告说，我们现在还不能这样做。智能车辨别事物的能力还很有限。目前，这种车只能在高速公路上行驶。

第七课

联合收割机

学习目标

（1）了解农产品的种类，熟悉收割机的工作原理和构造；

（2）掌握皮带、齿轮的传动原理和齿轮啮合原理；

（3）搭建收割机并发挥想象、完善车体。

关键词汇（Key Words）：收割机、齿轮啮合、皮带传动。

阅读与思考

情景导入：思思和迪迪跟着家人来农村旅游，他们在田里看到一种奇怪的机器，它在麦田里边走边“吃”，麦子全部应声而倒。这是什么机器呢？

它叫作谷物联合收割机，简称联合收割机，如图 7-1 和图 7-2 所示。它是用来收割农作物的农业机械。它能够一次性地完成谷类作物的收割、脱粒、分离茎秆、清除杂余物等工序，从田间直接获取谷粒。

图 7-1 联合收割机(一)

图 7-2 联合收割机(二)

你能搭建出一辆联合收割机，让它可以收割粮食吗？

设计与制作

用乐高积木搭建一辆联合收割机。

(1) 用电机带动一个齿轮；

(2) 齿轮与齿轮间进行传动；

(3) 齿轮再带动皮带转动；

(4) 搭建收割装置模型。

图 7-3 为参考的搭建方式。

图 7-3　联合收割机基本构建图

程序编编看

给你的联合收割机编写程序，使其可以收割粮食。参考程序如图 7-4 所示。

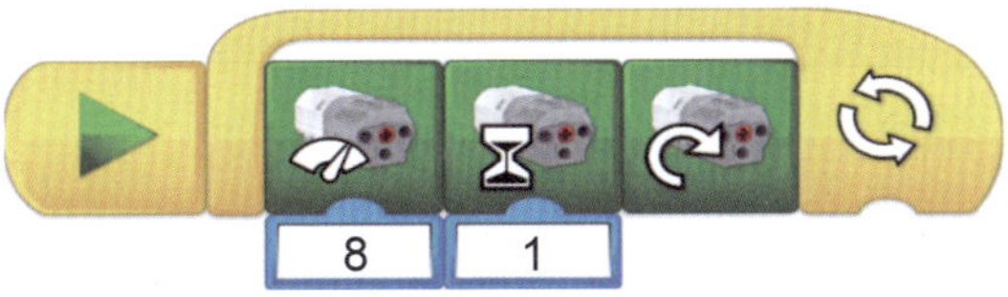

图 7-4　WeDo 2.0 程序样例

思考：还有别的方法可以让你的联合收割机变得与众不同吗？

拓展与提高

1. 改变程序里的电机转速，观察联合收割机的状况。

2. 通过改造联合收割机的外形，能有什么样的效果？

检测与评估

评价和标准

作品的执行情况占____%，创意和美观占____%。

执行情况

□ 能够正确搭建收割装置；

□ 改变电机转速，观察收割机转动情况；

□ 能够背诵“悯农”这首诗；

□ 能够与小朋友交流制作心得。

创意和美观

A. 别出心裁，独一无二

B. 设计新颖，创意突出

C. 循规蹈矩，创意不明

D. 旧调重弹，有待改进

STEAM内涵

【“讲”科学】

农业机械是指在作物种植业和畜牧业生产过程中，以及农、畜产品初加工和处理过程中所使用的各种机械。农业机械包括农用动力机械、农田建设机械、土壤耕作机械、种植和施肥机械、植物保护机械、农田排灌机械、作物收割机械、农产品加工机械、畜牧业机械和农业运输机械等。作物收割机械包括用于收取各种农作物或农产品的各种机械。不同农作物的收割方式和所用的机械都不相同。谷物联合收割机由收割台、输送装置、脱粒装置、分离装置、清选装置、粮箱和传动装置等组成。本节课所设计的联合收割机就是一种常用的农业机械。

【“学”技术】

同学们，今天你们制作了实验室中的联合收割机，你知道真正的联合收割机是如何工作的吗？

联合收割机起步时要平稳地加大油门，使收割机达到额定转速后，再进行切割。关于切割幅度，在电机转速允许的情况下，应尽量以最大转速或接近最大的转速工作，此时的作业效率最高，但不要产生漏割，以减少收割损失。关于割台高度，为方便割后耕作和播种作业，割茬应尽量低，这也是收割倒在地上的小麦时减少切穗、漏穗的重要措施，但割台高度最低不得小于 6cm，以免切割泥土，加速切割器磨损。根据作业质量标准要求，割茬最高不得超过 15cm。

【“求”艺术】

悯家二首

作者：李绅（唐）

（一）

春种一粒粟，秋收万颗子。
四海无闲田，农夫犹饿死。

（二）

锄禾日当午，汗滴禾下土。
谁知盘中餐，粒粒皆辛苦。

abc 英语角

【Daily Words】

食品、饮料

rice 米饭	bread 面包	beef 牛肉
milk 牛奶	water 水	egg 蛋
fish 鱼	tofu 豆腐	cake 蛋糕
cookie 曲奇	biscuit 饼干	jam 果酱

noodles 面条	tea 茶	meat 肉
chicken 鸡肉	pork 猪肉	salad 沙拉
soup 汤	Coke 可乐	mutton 羊肉
ice 冰	ice-cream 冰淇淋	juice 果汁
coffee 咖啡	breakfast 早餐	lunch 午餐
dinner/supper 晚餐	meal 一餐	hot dog 热狗
hamburger 汉堡包	French fries 炸薯条	vegetable 蔬菜

【Daily Stories】（**难度系数：**★☆☆☆☆）

本节课的关键词是“联合收割机”，让我们来阅读一篇关于粮食的英语短文。

To save the food 节约粮食

When I was small, my mother told me not to waste the food, so I cultivate the behavior of eating up the food. When I go out to eat, I will buy the food that is suitable for me, unlike other kids, they will buy as much as they want, and they can't eat up, throwing away the food. But I will make sure I can eat up the food.

【译文】 当我很小的时候，我的妈妈告诉我不要浪费食物，因此我养成了吃完食物的习惯。当我在外面吃东西的时候，我会买适合自己食量的东西，不像其他的孩子，他们会买很多想要吃的东西，吃不完，最后把食物扔掉了。而我会确保自己吃得完。

第八课 叉车

学习目标

(1) 了解叉车的基本结构和知识；

(2) 掌握蜗轮蜗杆结构的基本原理及倾斜传感器的工作原理；

(3) 巩固运动传感器的程序编写并掌握倾斜传感器的程序编写。

关键词汇(Key Words)：叉车、蜗轮蜗杆。

阅读与思考

情景导入：在工厂进行社会实践时，思思和迪迪正在为一块巨大石头的搬运而烦恼。突然之间有一辆看起来特别不一样的车开到他们的面前，这辆车很快将这块巨大的石头搬起来了。这是什么车呢？

如图 8-1 所示，叉车是工业搬运车辆，是指对成件托盘货物进行装卸、堆垛和短距离运输作业的轮式搬运车辆。常用于大型仓储物件的运输，通常使用燃油机或者电池驱动。叉车的构造如图 8-2 所示。

图 8-1 叉车

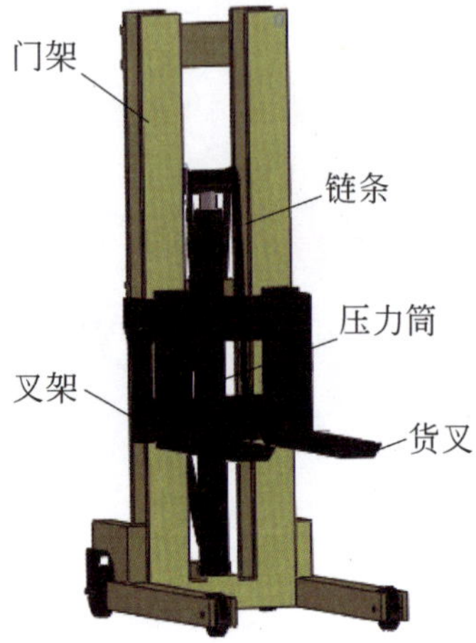

图 8-2 叉车构造示意图

你能搭建出一辆叉车，让它可以在工厂里搬运货物吗？

设计与制作

用乐高积木搭建一辆叉车。

(1) 用电机带动蜗杆转动；

(2) 蜗杆再带动蜗轮转动；

(3) 蜗轮带动轴转动，进而带动连杆结构的转动。

图 8-3 为参考的搭建方式。

图 8-3 叉车基本构建图

程序编编看

给你的叉车编写程序，使其可以将重物铲起来。参考程序如图 8-4 所示。

图 8-4　WeDo 2.0 程序样例

思考：还有别的方法可以让你的叉车变得与众不同吗？

拓展与提高

1. 根据已经搭建好的叉车思考，叉车的连杆为什么抬高的高度有一定的限制？

2. 小朋友们可以再发挥自己的想象力，让自己的叉车变得与众不同。

检测与评估

评价和标准

作品的执行情况占____%，创意和美观占____%。

执行情况

□ 能够实现叉车的基本功能；

□ 能够阐述蜗轮蜗杆的原理；

□ 能够阐述倾斜传感器的原理及在本作品中的作用；

□ 能够发挥想象力，做出一辆别致的叉车。

创意和美观

A. 别出心裁，独一无二

B. 设计新颖，创意突出

C. 循规蹈矩，创意不明

D. 旧调重弹，有待改进

STEAM内涵

【“讲”科学】

工业生产中使用各种不同用途的车辆。例如，铲车(见图 8-5(a))是用来装零散、坚固的货物的，一般以建筑材料为主，如碎石、砂土等；叉车(见图 8-5(b))主要用来装包装好的货物或单件体积比较大的货物，如集装箱、货运木箱等。铲车一般用在建筑工地、建筑材料集散地，用于装车，有时也用于铲土和铲雪及地面平整等；叉车一般用于货场、仓库、码头、火车货站等地，用于装卸、摆放货物。

(a)

(b)

图 8-5　铲车和叉车

仓库用的一般都是叉车，当然，如果是储存建筑所用的散料(如沙子)的仓库，用的则是铲车。

英语角

【Daily Words】

职业

driver 司机	teacher 教师
student 学生	doctor 医生
nurse 护士	farmer 农民
singer 歌唱家	writer 作家

actor 男演员	actress 女演员
artist 画家	engineer 工程师
accountant 会计	cleaner 清洁工
salesperson 销售员	baseball player 棒球运动员
assistant 售货员	police 警察
policeman(男)警察	policewoman(女)警察
TV reporter 电视台记者	weather reporter 天气预报

【Daily Stories】(难度系数：★★☆☆☆)

本节课的关键词是“叉车(fork truck)”,让我们来阅读一篇关于工厂的英语短文。

Last November, the students of Class Three went to visit Uncle Wang's factory. They arrived early on a Tuesday morning. It is a machine factory. Uncle Wang welcomed them warmly and showed them around the factory. The factory makes bicycle and tractor parts. The students saw some workers wearing thick clothes and glasses over their eyes. What were they doing, do you know? They were making ladders.

【译文】 去年十一月,三班的学生去参观王叔叔的工厂。他们星期二一大早就到了。这是一家机械厂。王叔叔热情地欢迎了他们并带领他们参观了工厂。这家工厂生产自行车和拖拉机零件。学生们看见一些工人穿着厚厚的衣服,戴着眼镜。你知道他们在做什么吗?他们在制作梯子。

第九课 跳舞的鸟

学习目标

(1) 掌握鸟类知识，了解鸟类之最；

(2) 回顾皮带传动原理和齿轮啮合原理；

(3) 掌握程序里电机顺时针、逆时针旋转的作用。

关键词汇(Key Words)：小鸟、皮带传动、连杆结构。

阅读与思考

情景导入：在舞台上，有两只鸟在跳舞，这两只鸟可以同方向或反方向地跳起舞来。思思和迪迪在舞台上操纵它们，按照自己想要的方式来跳舞，如图 9-1、图 9-2 所示。

你能搭建出一组跳舞的鸟，使它们通过不同的方式来跳舞吗？

图 9-1　跳舞的鸟正面图

图 9-2　跳舞的鸟侧面图

设计与制作

设计一个可以用不同方式转起来的鸟。

（1）用电机去带动一个齿轮；

（2）齿轮与齿轮进行传动；

（3）齿轮与滑轮进行传动；

（4）鸟的头部及身体要能够旋转起来。

图 9-3 为参考的搭建方式。

图 9-3　跳舞的鸟部分构建图

程序编编看

给你的跳舞的鸟编写一个程序，让它转动起来，并记录下你的程序（图 9-4 为参考的程序）。

鸟儿除了跳舞之外，它还可以唱歌。给你的鸟儿编程，让它在跳舞的同时也唱歌，并记录下你的程序。

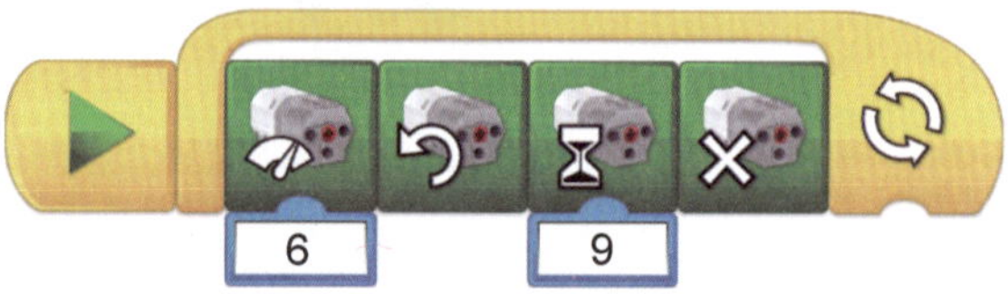

图 9-4　WeDo 2.0 程序样例

拓展与提高

通过改变模型上的皮筋与滑轮来改变跳舞的鸟的转动方式，试着采用表 9-1 中的建议，并在表格中记录下每种情况。

表 9-1　鸟的转动方式

皮带传动的传动方式	第一只鸟怎么转	第二只鸟怎么转	备　注
			两只鸟转动方向相同，速度相同
			两只鸟转动方向相同，但速度不同
			两只鸟转动方向相反，速度不同

你还可以试着用其他的方法来改变这个模型和它的程序。你能使这只鸟跳其他舞吗？

检测与评估

评价和标准

作品的执行情况占____%，创意和美观占____%。

执行情况

□ 能够实现两只小鸟的旋转跳舞功能；

□ 能够阐述皮带传动原理；

□ 能够阐述鸟类的基本知识；

□ 能够与小朋友交流制作心得。

创意和美观

A. 别出心裁，独一无二

B. 设计新颖，创意突出

C. 循规蹈矩,创意不明

D. 旧调重弹,有待改进

STEAM内涵

【"学"技术】

皮带传动,是用张紧的(环形的)皮带套在两根传动轴的皮带轮上,它依靠皮带和皮带轮张紧时产生的摩擦力,将一轴的动力传给另一轴。皮带转动可用于两轴(工作机与动力机)之间的大距离传动。由于皮带有弹性,可以缓和冲击、减少振动,传动平稳,但不能保持严格的传动比(主动轮每分钟的转数对从动轮每分钟转数的比值)。传动件遇到障碍或超载时,皮带会在皮带轮上打滑,因此可防止机件损坏。皮带传动简单易行,成本低,保养维护也简单,还便于拆换。但由于皮带在皮带轮上打滑,所以皮带传动的机械效率低,而且皮带本身耐久性也较差,使用久了会逐渐伸长,因此应随时调整。皮带传动装置如图 9-5 所示。

图 9-5　皮带传动装置

英语角

【Daily Words】

Which animal do you like best? 你最喜欢哪种动物?

cat 猫　　dog 狗　　pig 猪　　duck 鸭

rabbit 兔	horse 马	elephant 大象	fish 鱼
bird 鸟	eagle 鹰	snake 蛇	mouse 老鼠
ant 蚂蚁	beaver 海狸	bear 熊	donkey 驴
goose 鹅	deer 鹿	monkey 猴	goat 山羊
squirrel 松鼠	panda 熊猫	lion 狮子	tiger 老虎
fox 狐狸	zebra 斑马	hen 母鸡	giraffe 长颈鹿
turkey 火鸡	lamb 小羊	sheep 绵羊	cow 奶牛
squid 鱿鱼	lobster 龙虾	shark 鲨鱼	seal 海豹
sperm whale 抹香鲸		killer whale 虎鲸	
kangaroo 袋鼠			

【Daily Stories】(**难度系数：★★★☆☆**)

本节课的关键词是“小鸟”，请阅读这篇文章(诗歌)来学习关于鸟的知识。

Flying Birds 飞鸟

Birds don't fly high up in the sky.
鸟不会在天空中高飞。
The air is too thin. It is hard for birds to breathe in thin air.
空气太稀薄。鸟类在稀薄的空气中很难呼吸。
Thin air doesn't hold them up.
稀薄的空气无法使它们停留。
Birds fly near the ground so that they can see where they are.
鸟儿飞近地面，这样它可以看到自己在哪里。
The birds look for places they know. Then they do not get lost.
鸟儿寻找着它们知道的地方。这样它们就不会迷路。
Some birds fly so low over the ocean that the waves often hide them.
有些鸟在海上飞得很低，常常隐身于海浪之间。
Many birds fly long distances in the spring and autumn.
许多鸟在春天和秋天飞行很长的距离。

第十课

毛毛虫

学习目标

(1) 了解毛毛虫的蜕变原理；

(2) 理解毛毛虫的爬行原理；

(3) 自己独立编写程序，使毛毛虫能够爬行。

关键词汇(Key Words)：毛毛虫、连杆结构。

阅读与思考

情景导入：思思和迪迪在河边抓住了一只毛毛虫，他们很好奇这只毛毛虫是如何爬行的。

你知道吗？毛毛虫(Lepidoptera)是鳞翅目昆虫(蝶、蛾)的幼虫。如图 10-1 所示，身体呈圆柱形，分 13 节，有 3 对胸足和数对腹足。头两侧各有 6 只眼，触角短，腭强壮。图 10-2 为毛毛虫的卡通形象。

图 10-1 毛毛虫

图 10-2 毛毛虫卡通形象

你能搭建出一只毛毛虫,让它可以跟现实世界中的毛毛虫一样自己爬行吗?

设计与制作

用乐高积木搭建一只毛毛虫。

(1) 用电机带动齿轮转动;

(2) 齿轮再带动连杆转动;

(3) 连杆驱动毛毛虫的身体前进。

图 10-3 为参考的搭建方式。

图 10-3 毛毛虫基本构建图

程序编编看

给你的毛毛虫编写程序，让它在地表面爬行。参考程序如图 10-4 所示。

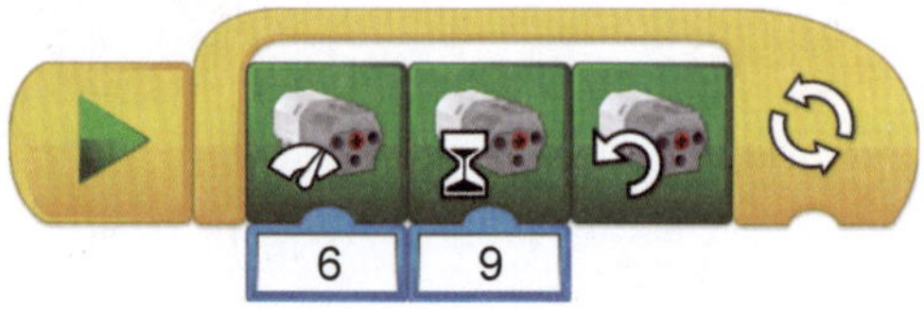

图 10-4　WeDo 2.0 程序样例

思考：改变部分程序，让毛毛虫的爬行方式与前一次不同。

拓展与提高

1. 毛毛虫的主要构成有哪几部分？
2. 毛毛虫里起主要作用的是哪个部件？

检测与评估

评价和标准

作品的执行情况占____%，创意和美观占____%。

执行情况

□ 能够实现毛毛虫的蠕动功能；

□ 能够了解毛毛虫在地面打滑的原因，知道摩擦力的基本知识；

□ 能够熟练使用连杆结构和 U 型结构；

□ 能够阐述毛毛虫的生长过程。

创意和美观

A. 别出心裁，独一无二

B．设计新颖，创意突出

C．循规蹈矩，创意不明

D．旧调重弹，有待改进

STEAM内涵

【“讲”科学】

蝴蝶的生命周期一般有9个月，但并不是所有时间都以漂亮蝴蝶的模样存在着。它的成长过程是一个循环，这个循环就是卵→毛毛虫→蛹→蝴蝶→卵。

毛毛虫一生需要蜕皮5次，每次蜕皮后都比原来长大好多！等到毛毛虫长大后，它就会离开树叶，找到一个安全的地方，吊挂成字母“J”形状的结茧。

茧里面的东西叫作蛹，蛹一般有3cm长。不同种类的蝴蝶有不同颜色的茧，有些茧是透明的，我们可以看到蛹在茧里面慢慢变了颜色。经过9～14天，蛹在茧里面变成了蝶，开始从茧里面钻出来。

蝴蝶刚从茧里面出来时翅膀是湿的，很软，但一个小时以后就可以飞行了。这样毛毛虫就蜕变成了美丽的蝴蝶，完成了生命的一次循环。

【“学”技术】

通过本节课的学习，我们知道了毛毛虫的爬行不仅有前面所讲过的“U型结构”，而且还有“连杆结构”。如图10-5所示，它就是带有圆孔的绿色杆，它的作用就是可以实现转动、摆动、移动及平面或空间复杂运动。

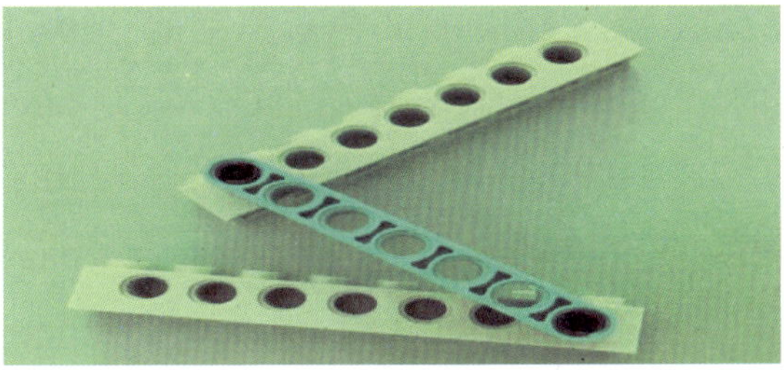

图10-5　连杆结构示意图

abc 英语角

【Daily Words】

How to describe some subjects? 怎样来形容各种事物？

It is ....

big 大的
small 小的
long 长的
tall 高的
short 短的；矮的
young 年轻的
old 旧的；老的
strong 健壮的
thin 瘦的
active 积极活跃的
quiet 安静的
nice 好看的
kind 和蔼亲切的
strict 严格的
smart 聪明的
funny 滑稽可笑的
tasty 好吃的
sweet 甜的
salty 咸的
sour 酸的
fresh 新鲜的
favourite 最喜爱的
clean 干净的
tired 疲劳的
excited 兴奋的
angry 生气的
happy 高兴的
bored 无聊的
sad 忧愁的
taller 更高的
shorter 更矮的
stronger 更强壮的
older 年龄更大的
younger 更年轻的
bigger 更大的
heavier 更重的
longer 更长的
thinner 更瘦的
smaller 更小的
good 好的
fine 好的
great 很好的
heavy 重的
fat 胖的
happy 快乐的
new 新的
right 对的
hungry 饥饿的
cute 逗人喜爱的
little 小的
lovely 可爱的
beautiful 漂亮的
colourful 色彩鲜艳的
pretty 漂亮的
cheap 便宜的
expensive 昂贵的
juicy 多汁的
tender 嫩的
healthy 健康的
ill 有病的
helpful 有帮助的
high 高的
easy 简单的
proud 骄傲的
sick 有病的
better 更好的
higher 更高的

【Daily Stories】(难度系数：★★★☆☆)

本节课的关键词是“毛毛虫”，让我们来阅读一篇关于毛毛虫的英语短文。

On Friday morning, Katie came to school with a caterpillar in a box.

周五早上，凯特带着盒子里的毛毛虫去上学。

She had some leaves in the box, too.

盒子里还有一些叶子。

Katie said to Miss Park, "I will look after this caterpillar.

凯特对帕克小姐说，“我要照顾这只毛毛虫。

Can it stay in our room?"

它能待在我们的房间里吗？”

"My caterpillar likes eating swan plant leaves." said Katie.

凯特说，“我的毛毛虫喜欢吃气球花叶子。”

Miss Park said, "Look under this leaf.

派克小姐说，“看叶子底下。

Here are some little white eggs.

有一些小小的白色的蛋。

Tiny caterpillars will come out of the eggs."

小毛毛虫将脱壳而出。”

On Monday morning, Katie came to school with a swan plant in a pot.

周一早上，凯特带着一盆气球花来到了学校。

"Look!" she said to Anna.

她对安娜说，“看！

"Some little caterpillars have come out of the eggs!

有些小毛毛虫从壳里出来了。

They can eat this swan plant, too."

它们也能吃这盆气球花。”

All that week, and the next week, the tiny caterpillars nibbled at the swan plant leaves.

那周和下一周,这些小毛毛虫一直在吃气球花的叶子。

The caterpillars got bigger and bigger and bigger!

小毛毛虫越长越大,越长越大!

They nibbled more and more leaves!

它们吃掉了越来越多的叶子!

"Look at the plant now!" said Katie.

凯特说,"看这盆花!

"The leaves have all gone!

叶子都没了!

We have no more swan plants for them to eat."

它们没有气球花可吃了。"

"Oh, no!" said Anna.

安娜说,"哦不!

"The caterpillars are still hungry!"

毛毛虫还很饿!"

"Caterpillars will eat pumpkin." said Miss Park.

帕克小姐说,"毛毛虫吃南瓜。"

"I can get some pumpkin from home." said Katie.

凯特说,"我可以从家里拿一些南瓜。"

The little caterpillars liked eating the pumpkin.

小毛毛虫喜欢吃南瓜。

It was under a leaf.

它待在叶子下面。

"My caterpillar is making it's chrysalis." said Katie.

凯特说,"我的毛毛虫正在造虫茧。"

"It's going to be a butterfly one day." said Anna.

安娜说,"它有一天会变成蝴蝶。"

第十一课

青蛙

学习目标

（1）了解生物学的研究对象及方法；

（2）了解青蛙的小知识、理解青蛙的运动过程；

（3）学会利用皮带传动原理使青蛙跳动；

（4）尝试加入倾斜传感器作为青蛙的眼睛，观察变化。

关键词汇（Key Words）：生物学、青蛙、发育与成长。

阅读与思考

情景导入：思思和迪迪在池塘边玩耍时发现了一只带着尾巴的青蛙，周围还围绕着许许多多的小蝌蚪和成年青蛙。由此引导学生思考：

1. 青蛙为什么带着尾巴？

2. 青蛙生长的过程中有几种状态？

设计与制作

用乐高积木搭建一只青蛙，利用齿轮啮合的原理使其向前爬行。图 11-1 为参考搭建图。

图 11-1　青蛙基本构建图

程序编编看

给你的青蛙编写程序使其向前爬行。参考程序如图 11-2 所示。

图 11-2　WeDo 2.0 程序样例

拓展与提高

1. 用乐高积木搭建一只青蛙，使你的青蛙尽可能地可爱。在保证自己的青蛙能够爬行的条件下，评选出最可爱的青蛙。

2. 评选出爬行最快的青蛙。

3. 将幼蛙模型改成一个成年青蛙，思考问题。

① 模仿成年青蛙在外观上的改变；

② 模仿成年青蛙在爬行方式上的改变；

③ 模仿成年青蛙在行为上的改变。

4. 思考：从蛙卵到成年青蛙，一般青蛙的生长周期是多久？

检测与评估

评价和标准

作品的执行情况占____%，创意和美观占____%。

执行情况

□ 能够通过青蛙的生长过程，了解生物学研究中的基本方法；

□ 能够实现青蛙的爬行功能；

□ 基本掌握搭建青蛙过程中所用到的机械原理；

□ 能够编写简单程序让青蛙爬行。

创意和美观

A. 别出心裁，独一无二

B. 设计新颖，创意突出

C. 循规蹈矩，创意不明

D. 旧调重弹，有待改进

STEAM内涵

【“讲”科学】

生物学是研究生物（包括植物、动物和微生物）的结构、功能、发生和发展规律的科学。它是自然科学的一个部分，目的在于阐明和控制生命活动，改造自然，为农业、工业和医学等实践服务。几千年来，我国在农、林、牧、副、渔和医药等实践中，积累了有关植物、动物、微生物和人体的丰富知识。1859 年，英国博物学家达尔文的著作《物种起源》的发表，确立了唯物主义的生物进化观点，推动了生物学的迅速发展。本节课程以青蛙为例，看看生物学的研究与发现。

青蛙（Frog）是属于脊索动物门两栖纲无尾目蛙科的两栖类动物，成体无尾。卵产于水中，体外受精，孵化成蝌蚪，用鳃呼吸；经过变异，成体主要用肺呼吸，兼用皮肤呼吸。蛙体型较苗条，多善于游泳。颈部不明显，无肋骨。中国的蛙类有 130 种左右，它们几乎都是消灭森林和农田害虫的能手。青蛙的身体可分为头、躯干和四肢三部分。青蛙前脚上有四个趾，后脚上有五个趾，还有蹼。

【"究"数学】

1. 青蛙有几条腿？（　　）

A. 2　　B. 4

2. 青蛙的眼睛对称吗？（　　）

A. 对称　　B. 不对称

3. 制作青蛙时分为几个部分来搭建？（　　）

A. 3　　B. 4　　C. 5

abc 英语角

【Daily Words and Sentences】

➢ 颜色识别

1. What colour is it?　　它是什么颜色的？
   It's yellow and white.　　黄白相间。
2. What colour are they?　　它们是什么颜色的？
   They're green.　　绿色的。

➢ 颜色

red 红　　blue 蓝　　yellow 黄　　green 绿　　white 白

pink 粉红　　purple 紫　　orange 橙　　brown 棕　　black 黑

【Daily Stories】（难度系数：★★★★☆）

本节课的关键词是“青蛙”，让我们来阅读一篇关于青蛙王子的英语短文。

The Frog Prince 青蛙王子

A long time ago, in a far away land there lived a princess. The princess was the most prettiest, from the time she was a baby anyone who saw her admired her appearance.

On one special day, "Princess, the neighboring country sent this gold ball to you. The King has sent this golden ball to you princess. This is the only gold ball in the world. "The princess thought that she was the most beautiful person in the world. So she disliked anything that was ugly and only liked what looked pretty and tasted good.

The princess who had no friends always played alone on the palace lawn with her ball. "If only I had a friend to play with this ball, how nice it would be." Since she was so lonely she talked to herself. "Play ball with me."

The princess looked over to where the voice came from. There was nobody there. "Who is it?" "Would you like to play ball with me?"

The only thing that the princess discovered was a ugly frog who lived in the palace well. The most ugliest and dirtiest frog appeared in front of the princess. "The most beautiful princess, I will be happy to play with you."

"My goodness, how can this ugly frog think of playing ball with me?" The princess went into the palace angrily. The frog was left alone once again.

One day, while the princess was playing with her gold ball it fell into the well. Because the well was so dark, the gold ball couldn't be seen. So, the princess sat down with a thud and began to cry. Just then, the ugly frog appeared.

"Why are you crying, princess?" "My gold ball fell into your well." "I will get your gold ball, if you let me stay and live by your side?" Even though she did not like the ugly frog, she wanted her gold ball back.

With the help of the frog, the princess was able to get her ball back. "Princess, let me live with you." "Hyump! An ugly frog like you, I don't even want to see you." "But, you promised me." Still the frog kept following the princess.

When the princess was having her meal the frog ate beside her. Even when she tucked herself in bed the frog slept beside her. However, the princess disliked living with the ugly frog.

Several days later, the princess became so angry that she threw the ugly frog on the ground. However, instead of the ugly frog a handsome prince was standing before her. "My savior, would you marry me?" The most beautiful princess was able to marry the most handsome prince.

第十二课 奔跑的小巨人

学习目标

（1）搭建一个可以行走的小巨人；

（2）学习齿轮传动机理和连杆机构；

（3）编程使小巨人动起来并能改变小巨人行走的快慢。

关键词汇（Key Words）：小巨人、齿轮传动、连杆机构。

阅读与思考

情景导入：思思和迪迪听了一个故事。传说中遥远的地方有一个村庄，居住着善良快乐的村民，有一天，村庄来了一个不速之客，是一个小巨人，它挥舞着双手，愉快地跑进了村庄中，和居民们打着招呼。

搭建一个强壮的小巨人，让它能够愉快地奔跑吧。小巨人构建图如图 12-1 和图 12-2 所示。

图 12-1　小巨人部分构建图

图 12-2　小巨人构建图

设计与制作

设计一个可以自由奔跑的小巨人。

(1) 使用电机去带动一个大齿轮；

（2）齿轮相互连接，进行传动；

（3）大齿轮与长杆连接，组成连杆机构，带动小巨人的脚上下移动；

（4）控制器输入程序后带动电机，使小巨人跑起来。

图 12-3 为参考的搭建方式。

图 12-3　小巨人部分构建图

程序编编看

给你的小巨人编写一个程序，让它跑动起来，并记录下你的程序（图 12-4 为参考的程序）。

图 12-4　WeDo 2.0 程序样例（一）

小巨人不仅可以向前跑，还可以向后退。给你的小巨人编程，让它能够向后退着跑，并记录下你的程序（图 12-5 为参考程序）。

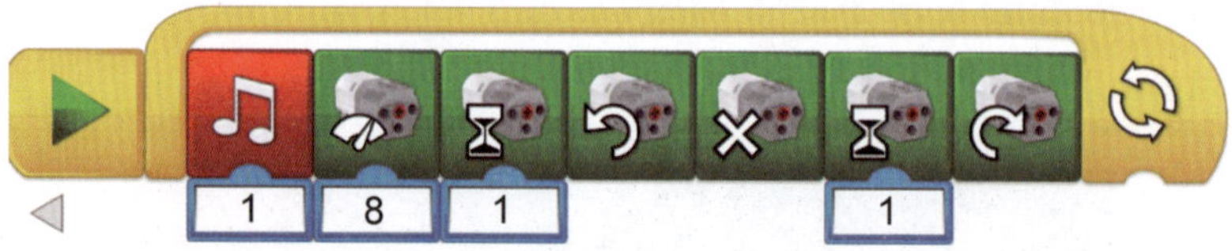

图 12-5　WeDo 2.0 程序样例（二）

拓展与提高

小巨人能够在粗糙的桌面上自由地奔跑，那它能够在光滑的地面上跑吗？学习摩擦力的相关知识后，对小巨人进行改进，让它能够在光滑的地面上奔跑。

小巨人在奔跑时它的腿上下前后摆动，能够通过改变连杆机构来改变小巨人腿的摆动幅度吗？

请对模型进行多种不同的尝试并将结果告诉我们。你还可以试着用其他的方法来改变这个模型和它的程序。你能够让小巨人做出别的动作吗？

检测与评估

评价和标准

作品的执行情况占____%，创意和美观占____%。

执行情况

- □ 能够实现小巨人的奔跑功能；
- □ 加入倾斜传感器，观察小巨人的变化；
- □ 能够列举动画片中见过的小巨人；
- □ 能够对粗糙平面和光滑平面的定义有清晰的认识。

创意和美观

A. 别出心裁，独一无二

B. 设计新颖，创意突出

C. 循规蹈矩，创意不明

D. 旧调重弹，有待改进

STEAM内涵

【“讲”科学】

在神秘的远古时代，世界各地曾先后出现过多个疑似巨人文明的遗迹，包括南美洲的复活节岛石像、美国加利福尼亚州的巨人墓穴等。其中，巨人遗迹相对密集的区域是英国。

【“求”艺术】

独眼巨人(κύκλωψ/Cyclops)或译基克洛普斯，是希腊神话中西西里岛的巨人。它的独眼长在额头上，希腊语中名字的意思是圆眼，擅于锻造，曾被赫卡忒打败。根据希腊神话，第一代独眼巨人是乌拉诺斯和盖亚的孩子，一共三个。根据古希腊诗人赫西奥德的描述，它们强壮、固执并且感情冲动，擅长制造和使用各种工具和武器。

英语角

【Daily Words】

季节、月份

spring 春　　summer 夏　　fall/autumn 秋　　winter 冬

Jan.(January)一月　　Feb.(February)二月

Mar.(March)三月　　April 四月

May 五月　　June 六月　　July 七月

Aug.(August)八月　　Sept.(September)九月

Oct.(October)十月　　Nov.(November)十一月

Dec.(December)十二月

【Daily Stories】(**难度系数:★★★☆☆**)

本节课的关键词是“小巨人”,请阅读以下文章。

The Giant's Garden 巨人的花园

A giant lives in a big house with a beautiful garden.

一位巨人住在一个带漂亮花园的大房子里。

Children like to play in the garden. They have a lot of fun there.

孩子们喜欢在花园里玩,他们在那里玩得很开心。

The giant finds the children in his garden. He is very angry.

巨人发现孩子们在他的花园里,他非常生气。

"Get out! Get out!"

“出去! 出去!”

The giant builds a tall wall around his garden.

巨人在他的花园周围建了一堵高高的墙。

No entry!

不准入内!

Now the children cannot play in his garden.

现在孩子们不能在他的花园里玩了。

Soon Miss Spring comes.

很快春小姐来了。

She brings beautiful flowers and birds, but she does not bring any to the giant's garden.

她带来了美丽的花朵和鸟儿,但她什么都没带给巨人的花园。

"It's cold here. Where's Miss Spring?"

“这里好冷。春小姐在哪儿?”

The giant looks at his garden and feels sad.

巨人看着他的花园,感到很悲伤。

Miss Spring, Miss Summer and Miss Autumn do not visit the giant.

春小姐、夏小姐和秋小姐都没有拜访巨人。

It is always winter in the giant's garden.

巨人的花园里一直是冬天。

I don't like the giant. He's not kind to children.

我不喜欢巨人。他对孩子们不好。

One morning, the giant hears some lovely sounds.

一天早晨,巨人听到了一些可爱的声音。

He sees some beautiful flowers too. The giant is very happy.

他还看到了一些美丽的花朵,巨人非常高兴。

"Hooray! Miss Spring is here!"

“万岁！春小姐来了。”

The giant finds some children in his garden.

巨人发现有些孩子在他的花园里。

They are coming through a hole. They bring Miss Spring to his garden!

他们正从一个洞里爬进来。是他们把春小姐带到了他的花园里！

The giant knocks down the wall around his garden.

巨人把花园周围的墙拆掉了。

"Children, you can play in my garden any time."

“孩子们,你们随时可以在我的花园里玩。”

Miss Spring never comes late again.

春小姐再也没有迟到。

第十三课 鳄鱼

学习目标

(1) 了解两栖动物,能举例说出不同的两栖动物;

(2) 了解运动传感器,齿轮与滑轮间的传动;

(3) 独立完成程序的编写。

关键词汇(Key Words):鳄鱼、滑轮传动、运动传感器。

阅读与思考

情景导入:思思和迪迪来到一条河边,他们发现一条鳄鱼正在河边休息,这条鳄鱼看起来非常饿。于是,他们很小心地从鳄鱼旁边经过,但最终还是把鳄鱼给吵醒了,那么,接下来他们会怎么应对这条鳄鱼呢?

玩具鳄鱼和鳄鱼的卡通形象分别如图 13-1 和图 13-2 所示。

图 13-1　玩具鳄鱼

图 13-2　鳄鱼的卡通形象

你能搭建出一条鳄鱼，让它吃东西时合上嘴巴吗？

设计与制作

设计一条鳄鱼，使它吃东西时合上嘴巴。

（1）用电机去带动一个齿轮；

（2）齿轮与齿轮进行传动；

（3）齿轮与滑轮进行传动；

（4）滑轮与鳄鱼的上颚结合在一起，使它能够合上嘴巴。

图 13-3 为参考的搭建方式。

图 13-3　鳄鱼基本构建图

给你的鳄鱼编写一个程序，让它吃东西时合上嘴巴，并记录下你的程序(图 13-4 上图为参考的程序)。

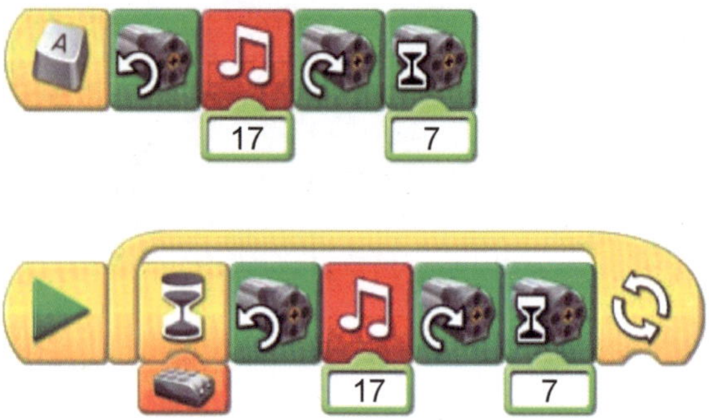

图 13-4　WeDo 2.0 程序样例

添加一个运动传感器，让你的鳄鱼能通过传感器自动察觉到有东西放进嘴里、自动合上嘴巴，并记录下你的程序(图 13-4 下图为参考程序)。

拓展与提高

你知道鳄鱼还有其他哪些生活习性吗？通过改变模型的结构，试着让它做出各种动作。

检测与评估

评价和标准

作品的执行情况占____%，创意和美观占____%。

执行情况

- □ 能够实现鳄鱼嘴巴的张合功能；
- □ 能够阐述运动传感器的功能；
- □ 能够了解两栖动物的概念并能举例说明；
- □ 能够与小朋友交流制作心得。

创意和美观

A. 别出心裁，独一无二

B. 设计新颖，创意突出

C. 循规蹈矩，创意不明

D. 旧调重弹，有待改进

STEAM内涵

【"讲"科学】

鳄鱼(Crocodile)是一种冷血的卵生动物，是极其珍贵的动物。鳄鱼不是鱼，是爬行动物。鳄鱼之名，或是由于其像鱼一样在水中嬉戏生活，故而得名"鳄鱼"。

鳄鱼是迄今发现活着的最早和最原始的动物之一，出现于三叠纪至白垩纪的中生代(约两亿年前)，是性情凶猛的脊椎类爬行动物。它和恐龙是同时代的动物，属肉食性动物。公认的鳄鱼品种共23种。

abc 英语角

【Daily Words】

景物

river 河流	lake 湖泊	stream 河；溪	forest 森林
path 小道	road 公路	house 房子	rain 雨
cloud 云	bridge 桥	building 建筑物	sun 太阳
mountain 山	sky 天空	rainbow 彩虹	wind 风
air 空气	moon 月亮		

【Daily Stories】(**难度系数：★★★☆☆**)

本节课的关键词是“鳄鱼”，请阅读以下文章(诗歌)来学习关于鳄鱼的知识。

Crocodiles 鳄鱼

When most dinosaurs disappeared eighty million years ago, some kinds of animal survived.

当大多数恐龙在八千万年前灭绝时，一些动物幸存了下来。

Crocodiles were one of them.

鳄鱼是其中之一。

People believe that crocodiles were living two hundred million years ago.

人们相信鳄鱼自两亿年前就存在了。

Crocodiles have very thick and green skin.

鳄鱼有厚厚的绿色皮肤。

Some kinds of crocodiles like to live in fresh water and others like salty water.

有些种类的鳄鱼喜欢生活在淡水中，有些则喜欢咸水。

They usually eat fish, reptiles and mammals.

它们通常吃鱼类、爬行类和哺乳类动物。

If you ever saw a crocodile, you might think they look very slow.

如果你曾经见过鳄鱼,你可能会觉得它们行动非常缓慢。

As a matter of fact, they are very fast.

事实上,它们行动非常迅速。

Also, they have very strong teeth and jaws.

而且,它们有非常强壮的牙齿和下颚。

These characteristics make crocodiles one of the most dangerous animals in the world.

这些特征使鳄鱼成为世界上最危险的动物之一。

第十四课 食人花

学习目标

(1) 了解植物学研究的基本方式，了解食人花习性；
(2) 理解并利用运动传感器的原理；
(3) 能够自主编程，实现食人花动作功能。

关键词汇(Key Words)：食人花、运动传感器、植物学。

阅读与思考

情景导入：有一天，思思和迪迪在电视中看到一只苍蝇飞到一朵花上，然后苍蝇就不见了踪影。他们很好奇这是怎么回事，于是就去问爸爸妈妈。爸爸妈妈告诉他们说，这是一种专门捕捉昆虫的植物，俗称"食人花"。于是，思思和迪迪也想搭建能够模仿这样的植物特性的作品。

现实中的食人花如图 14-1、图 14-2 所示。

图 14-1　食人花(一)

图 14-2　食人花(二)

你能搭建出一朵食人花,使它在感受到外来物体时能够张开或闭合嘴巴吗?

设计与制作

设计一朵会自动张开或合上嘴巴的食人花。

(1) 用电机去带动齿轮转动;

(2) 齿轮带动轴进行转动;

(3) 识别运动传感器后,食人花的嘴巴张开或合上。

图 14-3 为参考的搭建方式。

图 14-3　食人花基本构建图

程序编编看

给你的食人花编写一个程序，让它张开或合上嘴巴，并记录下你的程序（图 14-4 为参考的程序）。

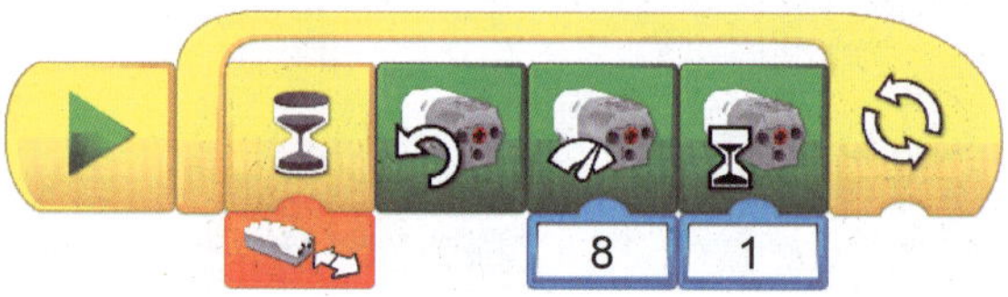

图 14-4　WeDo 2.0 程序样例

拓展与提高

说一说，你的食人花是怎么知道有外物侵入的？你还知道哪些特殊种类的植物？它们为什么会有特殊的功能？

检测与评估

评价和标准

作品的执行情况占____%，创意和美观占____%。

执行情况

☐ 能够实现花瓣自动闭合的功能；

☐ 能够回答有关食人花的问题；

☐ 能够简述自己的编程思路；

☐ 能够灵活运用齿轮传动原理。

创意和美观

A. 别出心裁，独一无二

B. 设计新颖，创意突出

C. 循规蹈矩，创意不明

D. 旧调重弹，有待改进

STEAM内涵

【"讲"科学】

食人花，又叫捕蝇草(学名：Dionaea muscipula)，是原产于北美洲的一种多年生草本植物，是一种非常有趣的食虫植物。它的茎很短，在叶的顶端长有一个酷似"贝壳"的捕虫夹，且能分泌蜜汁，当有小虫闯入时，能以极快的速度将其夹住，并消化吸收。

因为它的叶片边缘会有规则状的刺毛，感觉就像维纳斯的睫毛一般，所以它的英文名称为 Venus Flytrap，意思是"维纳斯的捕蝇陷阱"。中文及日文中捕蝇草还有"苍蝇的地狱"(ハエジゴク)这个别名。其主要特征就是能够很迅速地关闭叶片、捕食昆虫，这是一种和其远亲猪笼草一样的食肉植物，在茅膏菜科捕蝇草属中仅此一种，属于维管植物的一种。捕蝇草独特的捕虫本领与酷酷的外型，使它成为了最受国人宠爱的食虫植物。

英语角

【Daily Words】

本节课的关键词是"花",请阅读并背诵以下单词,记住各种植物名称。

flower 花	grass 草	tree 树
seed 种子	sprout 苗	plant 植物
rose 玫瑰	leaf 叶子	apple 苹果
banana 香蕉	pear 梨	orange 橙子
grape 葡萄	eggplant 茄子	green beans 青豆
tomato 西红柿	potato 土豆	peach 桃
strawberry 草莓	cucumber 黄瓜	onion 洋葱
carrot 胡萝卜	cabbage 卷心菜	watermelon 西瓜

【Daily Stories】(难度系数:★☆☆☆☆)

本节课的关键词是"食人花",请阅读以下作文来学习关于春游的见闻。

Spring Outing(春游)

Many students are going spring outing. Some students are boating. And some students are having a picnic. The others are playing games. There is a girl sitting on a chair reading a book. The sky is blue. The trees are green. The flowers are red. It's a very beautiful park. They have a good time!

第十五课 打鼓的猴子

学习目标

（1）了解猴子的小知识；

（2）认识凸轮并了解它的用处及使用原理；

（3）掌握凸轮的不同安装位置如何敲出不同的节拍。

关键词汇（Key Words）：猴子、凸轮传动。

阅读与思考

情景导入：思思和迪迪一起去外面玩，突然他们在广场上看到有一只在打鼓的猴子，这只猴子很机灵，能敲出不同的节拍，悦耳动听。

图 15-1、图 15-2 分别是打鼓的猴子的卡通形象和模型。

小朋友们，你们能搭建一只会打鼓的猴子，并能让它敲出不同的节拍吗？

图 15-1　打鼓的猴子(一)

图 15-2　打鼓的猴子(二)

设计与制作

设计一只打鼓的猴子,使它敲打出不同的节拍。

(1) 用电机去带动一个齿轮;

(2) 齿轮带动凸轮传动;

(3) 凸轮带动杠杆击鼓。

图 15-3 为参考的搭建模型图。

图 15-3　打鼓的猴子基本构建图

程序编编看

给你的打鼓的猴子编写一个程序，让它击鼓，并记录下你的程序（图 15-4 为参考的程序）。

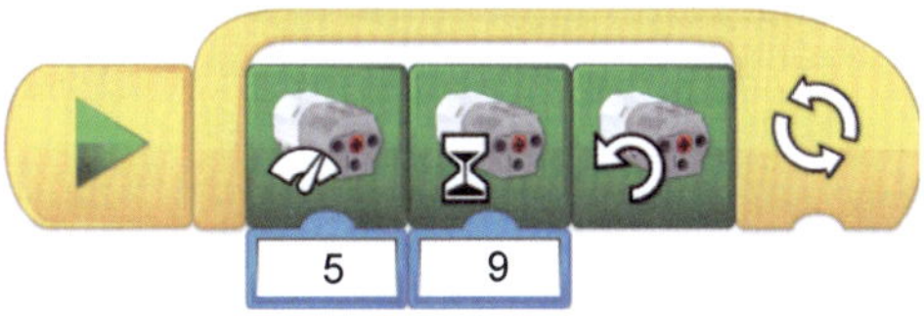

图 15-4　WeDo 2.0 程序样例

你的猴子可以敲打出不同的节拍吗？给你的猴子编程，让它在打鼓的同时唱歌，并记录下你的程序。

拓展与提高

通过改变模型上的凸轮相对杠杆的不同位置来改变击鼓的节拍，并在表 15-1 中记录下每种情况。

表 15-1　凸轮的不同位置

左边的凸轮	右边的凸轮	听到或看到的现象

你还可以试着用其他的方法来改变这个模型和它的程序。你能使这只猴子敲出其他的节拍来吗？

检测与评估

评价和标准

作品的执行情况占____%，创意和美观占____%。

执行情况

□ 能够实现小猴打鼓的基本功能；

□ 能够识别凸轮并能利用凸轮组合实现各种功能；

□ 能够阐述不同击鼓节拍的原理；

□ 能够举例说明各种击打类乐器。

创意和美观

A. 别出心裁，独一无二

B. 设计新颖，创意突出

C. 循规蹈矩，创意不明

D. 旧调重弹，有待改进

STEAM内涵

【“学”技术】

本节课所用到的凸轮可以让猴子敲打出不同节奏的音效。它其实还有很多作用。凸轮结构的主要作用是使从动杆按照工作要求完成各种复杂的运动，包括直线运动、摆动、等速运动和不等速运动。

机械的回转或滑动件（如轮或轮的突出部分），把运动传递给紧靠其边缘移动的滚轮或在槽面上自由运动的轴杆，或者从这样的滚轮和轴杆中承受压力。

【"求"艺术】

鼓是精神的象征，舞是力量的表现，鼓舞结合开舞蹈文化之先河。按古文献记载，最早的鼓是陶器时代用陶土烧制的"土鼓"，土鼓标志着农耕文化型舞蹈之开端。

鼓在汉族民间舞蹈中占有极重要的位置。分析其艺术形式、风格与地域文化的特色，有以中原地区为代表的北方鼓舞，多是集体表演，风格粗犷，气势恢宏，队形的变化也多，如河南开封的"盘鼓"、陕北洛川的"蹩鼓"及"兰州太平鼓"等；有长江流域一带的南方鼓舞，小型多样，灵活纤巧，并有演唱情节，如安徽"凤阳花鼓"、江苏无锡"渔篮花鼓"、湖南"地花鼓"等；花鼓舞在北方一些地区也广为流传，但多是重舞不重唱，讲究技艺求精，如山西"晋南花鼓"、陕西"宜川花鼓"等。

abc 英语角

【Daily Words】

动作

jump 跳	run(ran)跑	play(.ed)玩；踢
climb 爬	fight(fought)打架	swing(swung)荡
swim(swam)游泳	skating 滑冰	fly(flew)飞
walk 走	eat(ate)吃	sleep(slept)睡觉
like 像，喜欢	turn 转弯	have(had)有；吃
buy(bought)买	take(took)买；带	live 居住
teach(taught)教	go(went)去	study(studied)学习
learn(learned)学习	sing(sang)唱歌	dance 跳舞
row 划	do(did)做	

【Daily Stories】(难度系数：★★★☆☆)

本节课的关键词是"猴子"，请阅读这篇关于猴子的故事。

Naughty Monkey 顽皮的猴子

It's very hot. An old man is asleep on the chair. A fly comes and sits on the end of the man's nose.

天气很热。一位老人在椅子上睡着了。一只苍蝇飞来，落在老人的鼻子上。

The old man has a naughty monkey. He chases the fly.

老人有一只顽皮的猴子。他在追打苍蝇。

The fly comes back again and sits on the old man's nose again. The monkey chases it away again and again.

苍蝇再次飞落在老人的鼻子上，猴子一再追打苍蝇。

This happens five or six times. The monkey is very angry. He jumps up, runs to the garden and picks up a large stone.

这样往返了五六次，猴子很生气。他跳起来，跑到花园，捡起一块大石头。

When the fly sits on the old man's nose again, the monkey hits it hard with the stone.

当苍蝇再次落在老人的鼻子上时，猴子用石头重重地击打苍蝇。

He kills the fly and breaks the old man's nose.

他砸死了苍蝇，也打破了老人的鼻子。

第十六课 体操机器人

学习目标

(1) 了解体育运动方面的小常识并说明运动的好处；

(2) 理解并利用齿轮传动原理搭建体操机器人；

(3) 叙述本节课所用到的原理以及所学内容。

关键词汇(Key Words)：体操机器人、齿轮传动、轴传动。

阅读与思考

情景导入：在 2008 年的北京奥运会上，中国的运动健儿取得了辉煌的成绩，在体操项目上也摘得了很多金牌。思思和迪迪在看电视时发现了做单杠运动的体操机器人，他们觉得特别好玩，自己也要利用乐高积木搭建出能够做体操动作的机器人，于是开启了他们的探索之路。

图 16-1、图 16-2 分别是体操机器人玩具和真正的体操机器人。

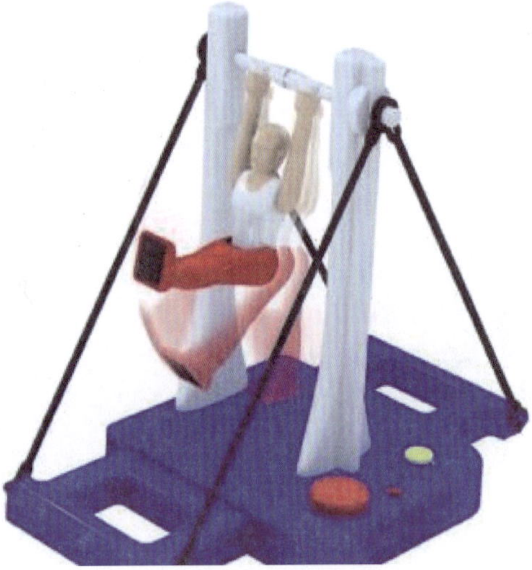

图 16-1　体操机器人玩具

图 16-2　体操机器人

你能搭建出一个会做单杠动作的体操机器人吗？它们通过什么方式来做旋转运动呢？

设计与制作

设计一个会自由旋转的体操机器人。

(1) 用电机带动一个齿轮转动；

（2）齿轮再带动轴转动；

（3）轴带动小轮子转动；

（4）小轮子带动体操机器人做旋转运动。

图 16-3 为参考的搭建方式。

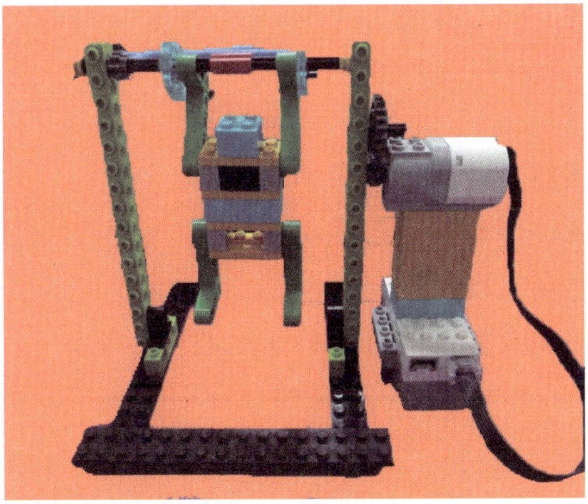

图 16-3　体操机器人基本构建图

程序编编看

给你的体操机器人编写一个程序，让它旋转起来，并记录下你的程序（图 16-4 为参考的程序）。

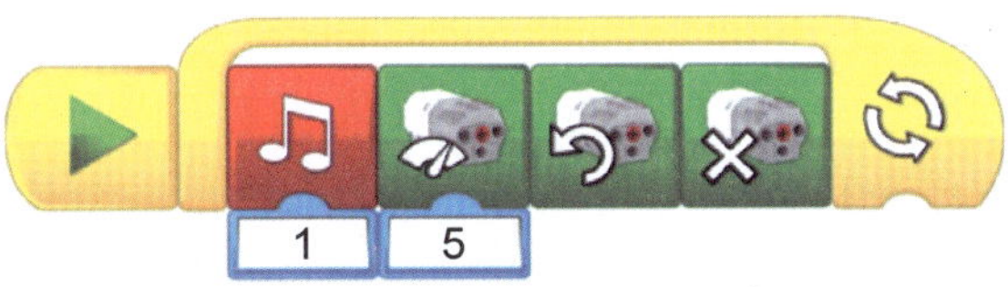

图 16-4　WeDo 2.0 程序样例

拓展与提高

说一说，你的体操机器人是怎样运动的？你还知道哪些体操项目呢？你最喜欢哪一类体育项目？为什么喜欢它？

检测与评估

评价和标准

作品的执行情况占____%，创意和美观占____%。

执行情况

- □ 能够阐述体育运动的种类和好处；
- □ 能够实现体操机器人的运动功能；
- □ 能够阐述和实现编程；
- □ 能够和小朋友们交流自己的运动心得。

创意和美观

A. 别出心裁，独一无二

B. 设计新颖，创意突出

C. 循规蹈矩，创意不明

D. 旧调重弹，有待改进

STEAM内涵

【“讲”科学】

“体操”是对所有体操项目的总称。依据目的和任务，体操可分为基本体操和竞技性体操两大类。

体操运动中既有动力性动作，又有静力性动作。基本体操是指动作和技术都比较简单的一类体操，其主要目的、任务是强身健体和培养良好的身体姿态，它所面对的主要对象是广大的人民群众，最常见的有广播体操和为防治各种职业病的健身体操。而竞技性体操从字面上就可以看出，是指在赛场上以争取胜利、获得优异成绩、争夺奖牌为主要目的的一类体操。这类体操动作难度大，技术复杂，有一定的惊险性，从事这类体操训练的主要是运动员。

【"求"艺术】

艺术体操的主要项目有绳操、球操、圈操、带操、棒操5项，它吸收了芭蕾舞、现代舞、民间舞和杂技等精华，不但能够培养运动员的力量、灵巧、节奏感等素质，从心理和生理角度来看，更符合女子锻炼的要求，是深受现代女性欢迎的运动。

英语角

【Daily Words】

本节课的关键词是"运动员"，请阅读并背诵以下单词，记住各种职业名称。

teacher 教师	student 学生	doctor 医生
nurse 护士	driver 司机	farmer 农民
singer 歌唱家	writer 作家	actor 男演员
actress 女演员	artist 画家	engineer 工程师
accountant 会计	cleaner 清洁工	
salesperson 销售员	baseball player 棒球运动员	
assistant 售货员	police 警察	
policeman(男)警察	policewoman(女)警察	
TV reporter 电视台记者		

【Daily Stories】(难度系数：★☆☆☆☆)

本节课的关键词是"体操机器人"，请阅读这篇短文来说说运动的好处。

Taking exercise is good for our health. All work and no play makes Jack a dull boy. By taking exercise, we can relax our body and mind. At the same time, we can harden our muscle and have a good figure. If we don't take exercise for a long time, we may easily fall sick.

I enjoy several outdoor sports. Swimming in the sea is my favorite. Because there are too many people in a swimming pool and the water is always dirty. I prefer to swim in the sea.

Playing badminton is also fun. I can always find a place in the park for playing badminton. Besides, I enjoy jogging in the morning. Sometimes, I jog with my parents in the park.

第十七课

足球射手

学习目标

(1) 了解球类运动的种类；

(2) 理解杠杆原理并搭建足球比赛模型；

(3) 掌握运动传感器的作用。

关键词汇(Key Words)：足球、杠杆、运动传感器。

阅读与思考

情景导入：思思和迪迪两个小朋友都喜欢足球。他们在电视上看到了一名很优秀的守门员，他们也想感受一下作为一名守门员的感觉。可是谁来进攻和射门呢？

图 17-1 是足球射手的模型。

你能搭建出一名专门在球门前射门的射手吗？

图 17-1　足球射手

设计与制作

设计一名足球射手，使它能踢出一个用纸做的足球。

(1) 用杠杆做出“脚”的模型；

(2) 电机转动让杠杆转起来，把球踢出去。

程序编编看

给你的射手编写一个程序，让它把一个用纸做的球踢出去，并记录下你的程序（图 17-2 上图为参考程序）。

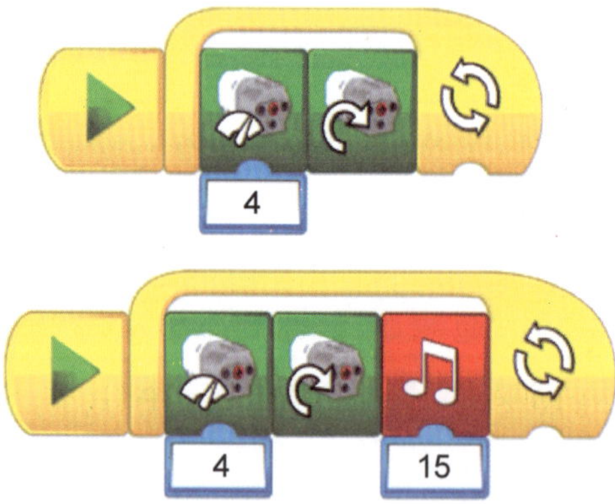

图 17-2　WeDo 2.0 程序样例

给你的射手加上一个传感器，让它知道当球放在正确的位置时就把球踢出去。给它编程并记录下你的程序（图 17-2 下图为参考程序）。

拓展与提高

你搭建的射手能把球踢多远呢？先预测一下，编程让射手实际操作一次，然后检验踢出球的实际距离跟预测距离相差多远。在表 17-1 中记录下每种情况。

表 17-1　射手的踢球距离

测试序号	预测距离	实际距离
第一次测试		
第二次测试		
第三次测试		

检测与评估

评价和标准

作品的执行情况占____%，创意和美观占____%。

执行情况

- □ 能够实现足球射手的基本功能；
- □ 能够阐述球类运动的种类；
- □ 能够通过编程拓展足球射手的技能；
- □ 能够和小朋友交流足球运动。

创意和美观

A. 别出心裁，独一无二

B. 设计新颖，创意突出

C. 循规蹈矩，创意不明

D. 旧调重弹，有待改进

STEAM内涵

【“求”艺术】

英国谢菲尔德足球俱乐部是国际足联和英足总公认的世界上第一个足球俱乐部，它诞生于1857年10月24日。1863年，第一个足球协会在英国成立。从此，有组织的、在一定规则约束下的足球运动开始从英国传遍欧洲，传遍世界。

中国历史上最早的足球运动称为“蹴鞠”。南宋时期，临安（今杭州）就成立了“齐云社”，又称“圆社”，专门负责蹴鞠比赛的组织和宣传推广。这是我国最早的单项运动协会，类似于今天的足球俱乐部，也可以说，它就是世界上最早的足球俱乐部。

现代最早的华人足球俱乐部是成立于1908年的香港南华队。

北京国安足球俱乐部是我国成立较早的一家职业足球俱乐部，成立于1992年12月31日，是中国足球甲级A组联赛和中国足球超级联赛的创始会员之一。

英 语 角

【Daily Words】

做运动

do morning exercises 晨练

do sports 做运动

play badminton 打羽毛球

play basketball 打篮球

play cards 打牌

play football 踢足球

play games 玩游戏	play table tennis 打乒乓球
play tennis 打网球	play the guitar 弹吉他
play the piano 弹钢琴	ride a bike 骑自行车
see a film 看电影	surf the net 上网
take exercise 进行锻炼	watch a football match 看足球赛

【Daily Stories】(**难度系数：★★☆☆☆**)

本节课的关键词是“足球”，请阅读以下文章(诗歌)来学习关于足球的知识。

Football is connected with the people throughout the world. It has become a part of people's life. Every day, many football matches are going on here and there around the world. Pick up a newspaper and you can learn the the results of the football matches. We enjoy playing football, watching football games after work. During the football matches of the World Cup, millions of people watch the matches on TV. When their favorite teams win, they will give them three cheers. When they fail, they feel sad. We all hope our national team will be the strongest one in the world.

【译文】　足球是联系着全世界人们的运动。它已成为人们生活的一部分。每天有很多足球比赛在世界各地举行。拿起一份报纸,你就可以了解足球比赛的结果。人们下班后喜欢踢足球,看足球比赛。世界杯足球比赛期间,数百万人在电视上观看比赛。当他们喜爱的球队赢了,他们会欢呼。当他们喜爱的球队输了,他们很伤心。所有人都希望自己的国家队成为世界上最强的球队。

第十八课

足球守门员

学习目标

(1) 了解足球守门员角色的意义；

(2) 理解齿轮传动原理和连杆结构；

(3) 搭建足球守门员并编写程序，实现其守门功能。

关键词汇(Key Words)：守门员、连杆结构。

阅读与思考

情景导入：小朋友们，你们喜欢看足球比赛吗？前面两个小朋友搭建了足球射手。现在让我们来搭建一名足球守门员，让思思和迪迪他们俩做足球守门员吧。

设计与制作

设计一名守门员，使它能够阻挡射手踢出来的纸球。

(1) 用电机带动一个齿轮；

(2) 齿轮与齿轮进行传动；

(3) 齿轮拉动守门员的手臂，让它来回移动。

图 18-1 为参考的搭建方式图。

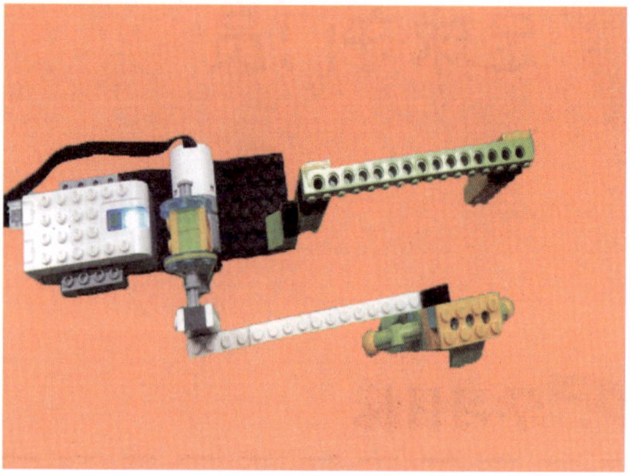

图 18-1　足球守门员基本构建图

程序编编看

给你的守门员编写一个程序，让它能够阻挡射手踢出来的纸球，并记录下你的程序(图 18-2 为参考的程序)。

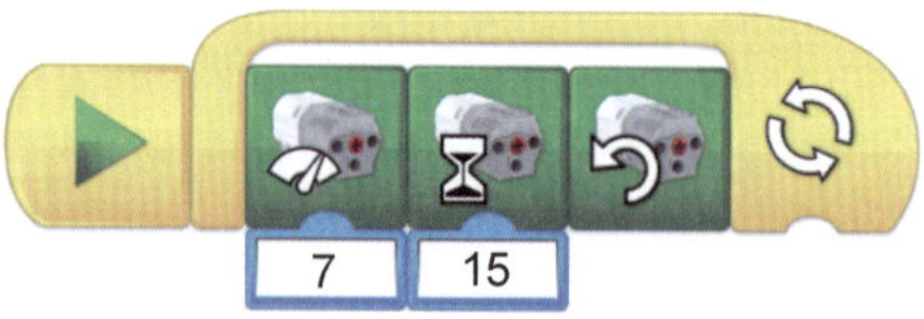

图 18-2　WeDo 2.0 程序样例

给守门员加上一个传感器，让它数一数有多少球没挡住，而是被射手射进了球门。给它编写程序并记录下你的程序。

拓展与提高

你搭建的守门员能挡多少球？得分是多少？失球多少个？每轮各尝试 10 次，并测试 3 轮，尝试采用表 18-1 中的建议，并在表格中记录下每种情况。

表 18-1　守门员的守门成绩

测　试	阻　挡	得　分	失　球
10 次			
10 次			
10 次			

检测与评估

评价和标准

作品的执行情况占____%，创意和美观占____%。

执行情况

□ 能够实现足球守门员的手臂挥动功能；

□ 能够掌握作品测试中的列表、记录等功能；

□ 能够联系第十七课足球射手的知识，了解足球守门员的职责与技巧；

□ 能够和小朋友互相比赛，团队协作，体验合作的乐趣。

创意和美观

A. 别出心裁，独一无二

B. 设计新颖，创意突出

C. 循规蹈矩，创意不明

D. 旧调重弹，有待改进

STEAM内涵

【“讲”科学】

足球有“世界第一运动”的美誉，是全球体育界最具影响力的单项体育运动。标准的足球比赛由两队各派 10 名球员与 1 名守门员，共 11 人，在长方形的草地球场上对抗、进攻。

比赛目的是尽量将足球射入对方的球门内，每射入一球就可以得到一分，当比赛完毕时，得分多的一队则胜出。如果两队在比赛规定时间内得分相同，则可以通过抽签、加时赛或互射点球（十二码）等形式分出胜负。足球比赛中除了守门员可以在己方禁区内利用手部接触足球外，球场上每名球员只可以利用手以外的身体部分控制足球（发界外球例外）。

【“学”技术】

十字口积木联合镶嵌口积木的使用

十字口积木可以穿入一根轴，而镶嵌口积木可以连接带有圆孔的梁或者带洞的板等。它们联合使用，可以实现一边随轴转动，一边随梁转动，这样可以解决一边能动、一边不能动的问题。

英语角

【Daily Sentences】

询问兴趣、喜好

1. What's your favourite food/drink? 你最喜欢的食物/饮料是什么？
   Fish/Orange juice. 鱼。/橙汁。
2. What's your favourite fruit? 你最喜欢的水果是什么？
   I like apples. They're sweet. 我喜欢苹果。它们很甜。
   (I like fruit. But I don't like grapes. They're sour.
   我喜欢水果。但我不喜欢葡萄。它们很酸。)

3. What's your favourite season? 你最喜欢的季节是什么?
Winter. 冬天。
(Which season do you like best? (你最喜欢哪个季节?
Winter.) 冬天。)
Why do you like winter? 你为什么喜欢冬天?
Because I can make a snowman. 因为可以堆雪人。

4. What's your hobby? 你的爱好是什么?
I like collecting stamps. 我喜欢集邮。
What's his hobby? 他的爱好是什么?
He likes riding a bike. 他喜欢骑自行车。

5. Do you like peaches? 你喜欢吃桃子吗?
Yes, I do./No, I don't. 喜欢。/不喜欢。

【Daily Stories】(**难度系数:★★★☆☆**)

本节课的关键词是“足球”,请阅读以下关于球王贝利的故事。

Everyone will laugh at you if you don't know about Pele(贝利), the most famous football player in Brazil(巴西). Because of his great devotion(贡献) to the cause of football, he is always honored as the "King" by football fans(球迷) worldwide. When he was thirteen, with perfect skills he joined Santos(桑托斯), a very important football club in Brazil. In 1958, Pele was chosen to play for Brazil in the Sixth World Cup Competition. Although he was sixteen, he was the best player on the field. Thanks to Pele, Brazil won the world championship for the first time. Pele played for Brazil in the World Cup Competitions from 1958 to 1970. In one famous match, the fans were awaiting the exciting moment when Pele would score his thousandth goal when there referee(裁判) gave Santos a penalty(点球) kick. Pele walked up to take it. The opposing goalkeeper(对方守门员) had no chance with the hard and accurate(准确的) shot. Pele had scored his thousandth goal! The crowds cheered: "Pele, Pele..."

That is a record which is as valuable in sports as a thousand goals. Pele was always faithful to the spirit of the sport as a professional(职业)player. He always played a fair game and behaved modestly(谦虚) with a cheerful smile. He is held in high respect, and now he is the Minister of Physical Education in Brazil.

【译文】 如果你不知道巴西最著名的足球运动员贝利,每个人都会嘲笑你。因为他对足球事业的挚爱,他总是被全世界的球迷们誉为“球王”。在他 13 岁的时候,他加入了巴西一个非常重要的足球俱乐部——桑托斯。1958 年,他代表巴西队参加第六届世界杯比赛。虽然他当时才 16 岁,但他已经是全世界最好的球员。感谢贝利,巴西夺得了世界冠军。贝利在 1958 年到 1970 年的多次世界杯比赛中为巴西队效力。在一场著名的比赛中,球迷们正在等待激动人心的时刻,当贝利代表桑托斯队罚点球时,贝利走上前去拿球,对方守门员没有机会扑球,贝利打进了他职业生涯的第一千个球。观众欢呼起来:“贝利,贝利……”。这是一项记录。一千个进球在体育方面有着非同寻常的价值。作为一名职业球员,贝利一直忠于体育精神,他总是公平竞赛,表现得非常谦虚,保持愉快的微笑。他受到人们的高度尊重。现在他是巴西体育部长。

第十九课

自动感应门

学习目标

（1）回顾齿轮传动原理；

（2）搭建自动感应门，了解平动传动；

（3）编写简单程序，让自动感应门动起来。

关键词汇（Key Words）：自动感应门、运动传感器、齿轮条传动。

阅读与思考

情景导入：思思和迪迪在商场见过能够自动打开的门，他们很想知道它的组成原理。它是如何检测到有物体靠近？你能想到自动感应门可能出错的事件吗？例如，一只小狗突然穿过，自动感应门会如何应对。

图 19-1、图 19-2 都是现实的自动感应门。

图 19-1　自动感应门(一)

图 19-2　自动感应门(二)

你能搭建出一扇自动打开的门吗？想一想用什么样的方法可以让门自行打开呢？

设计与制作

设计一扇自行打开的门。

(1) 用电机带动齿轮转动；

(2) 齿轮再带动齿轮条进行转动(即齿轮条传动);

(3) 程序中设定一段时间,让门在规定时间内打开或关闭(通过运动传感器实现)。

图 19-3 为参考的搭建方式。

图 19-3　自动感应门基本构建图

程序编编看

给你的自动感应门编写一个程序,让它打开或关闭,并记录下你的程序(图 19-4 为参考的程序)。

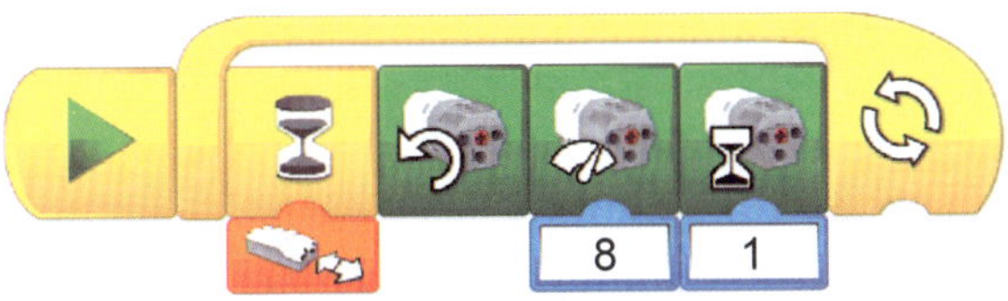

图 19-4　WeDo 2.0 程序样例

拓展与提高

说一说,你的自动感应门是怎么编程让它动起来的?你还知道哪些不同的门?能详细地介绍一下吗?

检测与评估

评价和标准

作品的执行情况占____%，创意和美观占____%。

执行情况

□ 能够实现自动感应门的基本功能；

□ 能够阐述平动传动的基本原理，并能举例说明；

□ 能够阐述自己的编程思路，程序是否能应对突发状况；

□ 能够了解工程设计的基本过程。

创意和美观

A. 别出心裁，独一无二

B. 设计新颖，创意突出

C. 循规蹈矩，创意不明

D. 旧调重弹，有待改进

STEAM内涵

【“讲”科学】

自动感应门的工作原理是：当你从门前经过时，自动门前面的探头(专业名称为“红外线传感器”)会感应到你的身体发射的红外线，然后与传感器相连的继电器闭合，给自动门内部控制器一个开门信号，电机开始运转，皮带带动自动门打开，经过一定时间，自动门再自动关闭。

【“学”技术】

红外线传感器是利用红外线来进行数据处理的一种传感器，具有灵敏度高、易于使用等优点，红外线传感器可以控制驱动装置的运行。

红外线传感器常用于无接触温度测量、气体成分分析和无损探伤，在医学、军事、空间技术和环境工程等领域得到广泛应用。例如，采用红外线传感器远距离测量、生成人体表面温度的热像图，可以发现温度异常的部位。

英语角

【Daily Words】

本节课的关键词是“门”，请阅读并背诵以下单词表，记住各种居家用品的名称。

window 窗户	door 门	desk 课桌
chair 椅子	computer 计算机	board 写字板
fan 风扇	light 灯	teacher's desk 讲台
picture 图画；照片	wall 墙壁	floor 地板
curtain 窗帘	trash bin 垃圾箱	closet 壁橱
mirror 镜子	bedstand 床头柜	present 礼物
walkman 随身听	lamp 台灯	sofa 沙发
football/soccer 足球	phone 电话	shelf 书架
fridge/refrigerator 冰箱	bed 床	table 桌子
TV 电视	air-conditioner 空调	

【Daily Stories】（难度系数：★★☆☆☆）

本节课的关键词是“门”，请阅读以下文章来学习如何描述家居环境。

When you come into our living room, you will see a shoe shelf. There is a sofa opposite it. Beside the sofa, there is a tea table. There are some cups, a teapot, and a vase with lots of beautiful flowers on the table. In the right corner, there is a green plant. There is a table beside the tea table and the plant. Of course there is TV on the table. Our living room is always clean and tidy so I like it very much.

第二十课

大象

学习目标

(1) 认识大象身体构造,熟悉大象生活习性;

(2) 熟练掌握蜗轮蜗杆的工作原理和连杆结构;

(3) 编程让大象两条前腿不同步地平稳行走。

关键词汇(Key Words):大象、蜗轮蜗杆、不同步平稳行走。

阅读与思考

情景导入:思思和迪迪听了盲人摸象的故事。故事中说四个盲人没有见过大象,于是决定摸大象。第一个盲人摸了大象的身子,说是一堵墙。第二个人摸到了象牙,说道:“象和又圆又滑的棍子一样”。第三个人摸到象腿,说象跟柱子差不多。第四个摸到大象的尾巴,说象跟粗绳子一模一样。很显然,他们都没说对,一定要摸遍象的全身才能知道大象的样子，不能以偏概全。

你能搭建出一头能够行走的大象吗？

设计与制作

设计一头性情温顺又能不同步地平稳行走的大象。

(1) 用电机带动蜗轮蜗杆；

(2) 蜗轮蜗杆带动连杆结构；

(3) 大象的两条前腿做不同步运动。

图 20-1 为参考的大象模型。

图 20-1　大象基本构建图

给你的大象编写一个程序，让它前进和后退，并记录下你的程序（图 20-2 为参考的程序）。

大象可以通过连杆结构前进和后退。

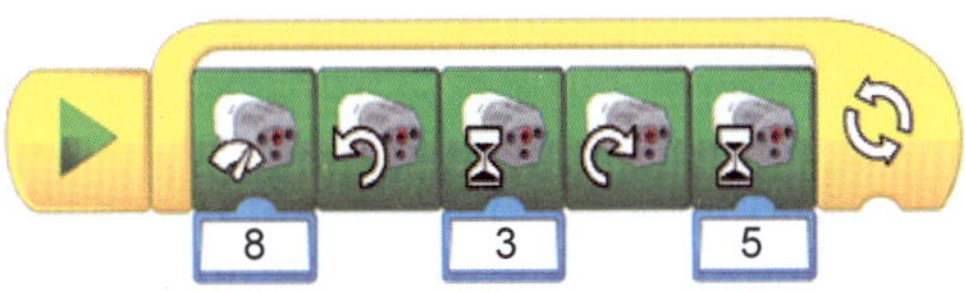

图 20-2　WeDo 2.0 程序样例

拓展与提高

请尝试通过改变电机的转速与正反转时间，进而改变大象的运动速度与时间。

你还可以试着用其他的方法来改变这个模型和它的程序。你能使这头大象正常行走吗？

检测与评估

评价和标准

作品的执行情况占____%，创意和美观占____%。

执行情况

□ 能够实现大象的平稳行走；

□ 掌握关于大象的小知识；

□ 掌握蜗轮蜗杆原理；

□ 尝试改变电机速度，观察实验现象。

创意和美观

A. 别出心裁，独一无二

B. 设计新颖，创意突出

C. 循规蹈矩，创意不明

D. 旧调重弹，有待改进

STEAM内涵

【“讲”科学】

大象是目前陆地上最大的哺乳动物，属于长鼻目，只有一科、两属，“一科”即象科，“两属”即非洲象属和亚洲象属。大象广泛分布在非洲撒哈拉沙漠以南、东南亚以及中国南部边境的热带及亚热带地区。

大象通常以家族为单位活动。大象的皮层很厚，但皮层褶皱间的皮肤很薄，因此常用泥土浴的方式防止蚊虫叮咬。象牙是大象防御敌人的重要武器。

大象的祖先在几千万年前就出现在地球上。大象家族曾是地球上最占优势的动物类群之一，目前已发现 400 余种大象化石。但由于气候和人为原因，这个族群的种类越来越少。目前地球上大象种类仅剩下亚洲象、非洲草原象、非洲森林象，而且它们也正受到严重的威胁。

【“学”技术】

本节课用到了蜗轮传动原理。所谓蜗轮传动就是由蜗杆、蜗轮以及蜗轮箱组成，如图 20-3 所示。它的主要作用是：降低传动速度；自锁，蜗轮无法带动蜗杆转动；改变传动方向；省力。所以，我们可以利用蜗轮传动原理制作出很多作品，在后续学习过程中会有越来越多的接触。

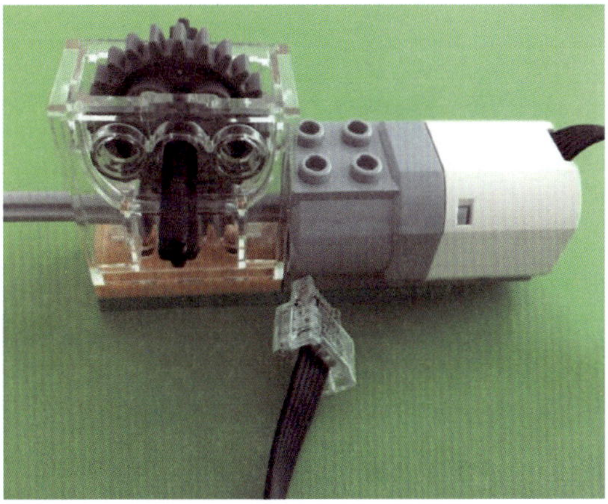

图 20-3 蜗轮传动装置

abc 英语角

【Daily Stories】（难度系数：★★☆☆☆）

本节课的关键词是“大象”，请阅读以下文章（诗歌）来学习关于大象的知识。

Elephant 大象

An elephant is one of the biggest animals in the world.

大象是世界上最大的动物之一。

Therefore, it eats a lot.

因此,它的食量很大。

An elephant eats 150-200 kg food a day.

一头大象每天食用150～200kg的食物。

It usually eats twice or three times a day.

它通常每天进食两到三次。

An elephant eats 60-70 tons food a year.

一头大象每年食用60至70吨的食物。

So, it eats 15 times more food than it weighs a year.

因此,大象一年的食量是它体重的15倍。

It also drinks a lot of water.

大象的饮水量也很大。

It drinks 5-7 liters water at once.

它一次的饮水量为5至7升。

附录 A　WeDo 2.0 器件认知

WeDo 2.0 套装是 LEGO Education 系列的产品之一。它是 LEGO 推出的可以在电脑上直接编程和连线控制机器人的一款简单入门的新套装。套装包括 280 个积木组件、1 个运动传感器、1 个倾斜传感器及 1 个马达和 1 个乐高智能集线器等器件。新套装通过低功耗蓝牙直接与平板或电脑上的配套应用连接。配合本书中的实践案例，可以让学生轻松理解机器人控制的原理，实现基于 STEAM 理念的项目设计与制作。每个应用中包括一系列课程，内容包括与搭建乐高积木相关的概念及经典手册。

LEGO Education WeDo 2.0 开发套件是特别为那些对机器人感兴趣的孩子们设计的。它的硬件部分包括多种形式的机器人，都是由乐高颗粒组成，和平时玩的乐高玩具并没有区别。但它同时内置了很多传感器，还有 MCU 等控制系统。支持图形模块化编程，你需要做的就是在电脑或平板上将一个个功能按一定顺序拖放到一起，从而让这些机器人正常运转起来。这个过程可以让小朋友的逻辑更加清晰，同时也提升他们对科技产品的兴趣。

下面我们详细介绍 WeDo 2.0 套装中的各种硬件器材的基本原理、主要特点和使用方法。

1. 智能集线器（Smarthub）

智能集线器是无线连接电子设备与“创作”模型的电子部件，使用低能耗蓝牙。智能集线器收到电子设备发出的程序链信息后，模型的电子部件开始执行任务。图 A-1 为智能集线器。

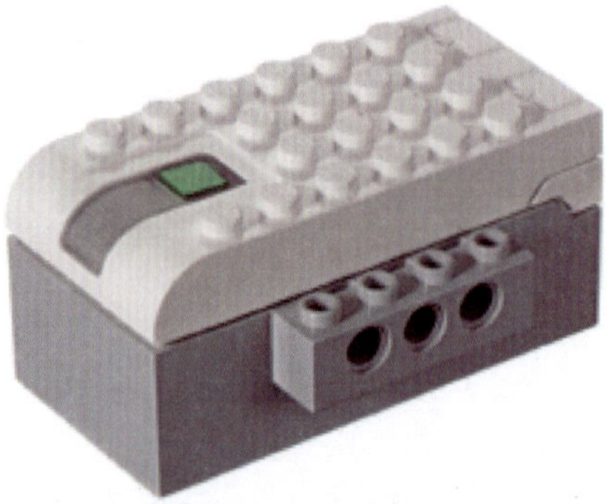

图 A-1 智能集线器

智能集线器的重要特点：（The Smarthub has important features）

■ 两个连接传感器或马达的连接口；（Two ports to connect sensors or motors）

■ 一个 LED 灯；（One LED）

■ 开关。（Power button）

智能集线器使用 5 号电池（+AA）或充电电池。

智能集线器通过不同颜色的灯，发出不同的信号：

■ 闪烁白灯：等待连接蓝牙。（Flashing white light：it is waiting for a Bluetooth connection.）

■ 蓝灯：蓝牙连接完毕。（Blue light：a Bluetooth connection is established.）

■ 闪烁橘色灯：提供给马达的动力达到极限。（Flashing orange light：the power provided to the motor is at its limit.）

2. 中型马达（Medium Motor）

马达是“创作”模型的执行部件，可以使物体运动。中型马达通过电力进行轴心旋转。马达可以向两个方向旋转，可以停止，可以设定在特定的时间（精确到秒）内运行，也可以调节不同的速度档。图 A-2 为中型马达。

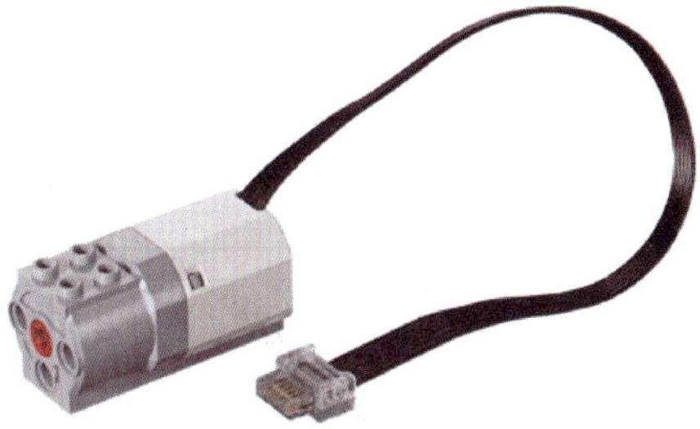

图 A-2 中型马达

3. 倾斜传感器(Tilt Sensor)

倾斜传感器能够感应来自不同方向的倾斜。它可以探测出 6 个不同的位置变化。

- 向此侧倾斜(Tilt This Way)
- 向彼侧倾斜(Tilt That Way)
- 向上倾斜(Tilt Up)
- 向下倾斜(Tilt Down)
- 没有倾斜(No Tilt)
- 震动(Shake)

需要倾斜传感器探测相应的位置,选择正确(correct)的程序块是首要条件。图 A-3 为倾斜传感器。

图 A-3 倾斜传感器

4. 运动传感器(Motion Sensor)

运动传感器在一定的距离内可以通过三种方法探测物体的运动变化：图 A-4 为运动传感器。

图 A-4　运动传感器

- 物体接近(Object moving closer)
- 物体远离(Object moving farther away)
- 物体改变位置(Object changing position)

需要运动传感器探测相应的位置，选择正确的程序块是首要条件。

5. 建构组件

WeDo 2.0 套装中包含“板”“积木块”等多种建构组件，可以搭建稳定的结构，例如赛车的底盘、大象的身体等。表 A-1 给出了常用的建构组件。

表 A-1　WeDo 2.0 套装中的建构组件

名称	图片	名称	图片	名称	图片
角板(Corner plate)		扣板(Buckle)		扣板(Buckle)	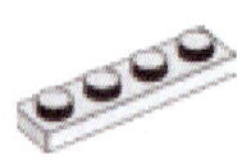
梁盘(Beam plate)		屋顶积木(Rooftop block)		板(Plate)	

续表

名称	图片	名称	图片	名称	图片
屋顶积木（Rooftop block）		框架板（Framed plate）		瓷砖片（Tile）	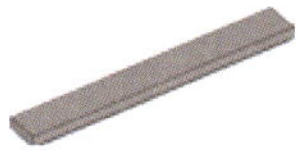
积木（Building blocks）		转盘（Turntable）		瓷砖片（Tile）	
积木（Building blocks）		积木（Building blocks）		积木（Building blocks）	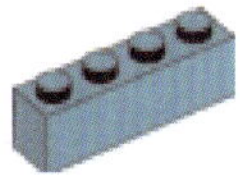
积木（Building blocks）		弧形板（Arc plate）	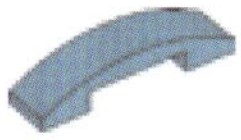	圆盘（Disk）	
弧形积木（Arc-shaped building blocks）	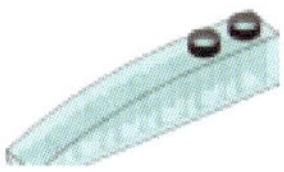	屋顶积木（Rooftop block）		倒屋顶积木（Inverted roof blocks）	
板（Plate）		镶嵌梁（Inlaid beam）		镶嵌梁（Inlaid beam）	
弧形积木（Arc-shaped building blocks）		弧形积木（Arc-shaped building blocks）		角梁（Angular beam）	
梁（连杆）（Beam）	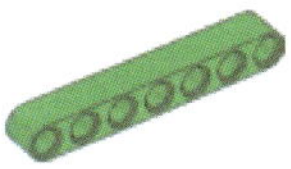	带洞的板（A hole with a plate）		屋顶积木（Rooftop block）	
倒屋顶积木（Inverted roof blocks）		屋顶积木（Rooftop block）		积木（Building blocks）	
带洞的板（A hole with a plate）		带洞的板（A hole with a plate）		板（Plate）	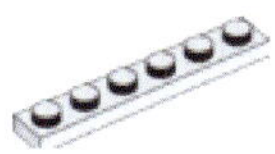

块和板是用来搭建乐高机器人的基本配件，可以用来拼接，从而达到连接和加固的目的。WeDo 2.0 套装中提供了不同长度的块和板，可以方便地搭建机器人。块和板的大小是通过乐高单位来度量的，例如 1×4 个乐高单位的块、6×2 个乐高单位的板。熟悉乐高组件的大小是进行乐高机器人搭建的第一步，稳固的结构是机器人搭建的首要要素。

6. 连接组件

WeDo 2.0 套装中包含“轴”“轴衬”等多种连接组件，可以连接不同的结构，例如毛毛虫的身体、轮胎之间的互连等。表 A-2 给出了常用的连接组件。

表 A-2　WeDo 2.0 套装中的连接组件

名称	图片	名称	图片	名称	图片
单面镶嵌积木（Single side mosaic）		轴衬（Shaft lining）		轴衬（Shaft lining）	
角模（Angular die）		衔接口积木（Interfacing block）		带洞板（Cavity plate）	
十字口镶嵌积木（Cross mosaic）		单边球积木（Single side ball）		带线轴（With a spool）	
链子（Chain）		阻力接口（Resistance interface）		双边球积木（Bilaterally ball blocks）	

续表

名称	图片	名称	图片	名称	图片
绳子（Rope）		嵌球积木（Block block）	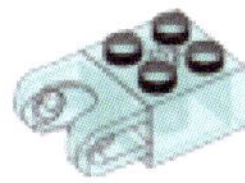	角模（Angular die）	
角模（Angular die）		管子（Pipe）		轮轴衔接口（Wheel axle interface）	
十字口球（Cross Ball）		轴衬（Shaft lining）			

7. 移动组件

WeDo 2.0 套装中包含“齿轮”“轮胎”等多种移动组件，可以使得我们的作品“动起来”。例如，赛车的移动需要轮胎，自动感应门的开启需要齿轮条等。表 A-3 给出了常用的移动组件。

表 A-3 WeDo 2.0 套装中的移动组件

名称	图片	名称	图片	名称	图片
双槽滑轮（Double grooved pulley）		齿轮条（Gear bar）	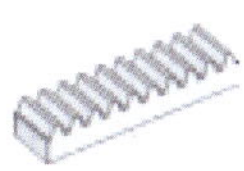	齿轮模（Gear die）	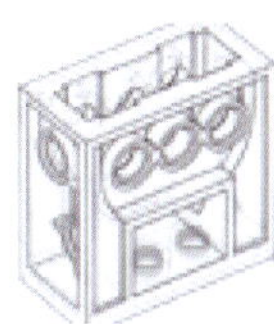
圆积木（Circular block）		滑轮（Pulley）		螺旋齿轮（Helical gear）	

续表

名称	图片	名称	图片	名称	图片
齿轮（Gear）		齿轮（Gear）		十字口梁（Cross beam）	
双锥齿轮（Bevel gear）		双锥齿轮（Bevel gear）		轮胎（Tyre）	
轮胎（Tyre）		轮胎（Tyre）		轮轴（Wheel axle）	
接口轮轴（Interface wheel shaft）		轮轴（Wheel axle）		停止轮轴（Stop the axle）	
轮轴（Wheel axle）		轮轴（Wheel axle）	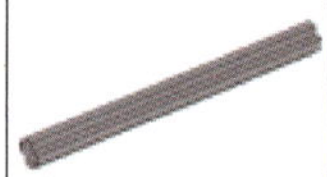	轮轴（Wheel axle）	
锥齿轮（Bevel gear）		皮筋（Rubber string）		滑雪板（Ski）	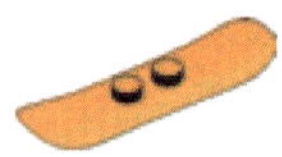

8. 装饰组件

WeDo 2.0 套装中包含“花”“叶子”等多种装饰组件，可以使得我们的作品“美起来”。装饰过程是 STEAM 教育中“求艺术”的表现，WeDo 2.0 套装中的装饰组件是发挥艺术特长的必要材料。表 A-4 给出了常用的装饰组件。

表 A-4 WeDo 2.0 套装中的装饰组件

名称	图片
天线（Antenna）	
圆眼（Round eye）	
带洞圆板（Circular plate with hole）	
草（Grass）	
圆积木（Circular block）	
圆积木（Circular block）	
圆眼（Round eye）	
圆板（Circular plate）	
圆积木（Circular block）	
花（Flower）	
圆积木（Circular block）	
单口嵌入圆板（Single port embedded circular plate）	
防滑板（Anti slide plate）	
叶子（Leaf）	
拆卸板（Disassembly）	

附录 B　WeDo 2.0 编程学习

未来的世界是智能化、自动化的世界，大数据、人工智能将是未来世界通用的重要技术，而这一切的基础是程序。学会编程，有利于在信息化的未来高效地使用计算机，更好地读懂世界、适应世界和创造未来世界。

今天，我们的生活已经和软件的使用密切相关。软件使我们的生活更加方便和美好。软件是由程序和文档构成，每个程序都是由一条条计算机能够识别和执行的指令组成，完成特定的操作。编写程序简称为编程，它是一门技术，需要使用一种计算机和人类都能“理解”的语言，这种语言就是计算机语言。常用的计算机语言有复杂通用的 C 语言、也有少儿图像化编程语言 Scratch。WeDo（9580）配套光盘含有 WeDo 编程软件、教学资源包（可选）等。可视化编程软件可以实现一个项目下的多种要求，让你设计的机器人动起来、跳起来和唱起来。因此，编程是 21 世纪的一项重要学习内容，也成为 WeDo 2.0 实验设计中的精髓。它将赋予模型生命，教会学生用计算思维的方式解决问题。

WeDo 2.0 实验将利用各种编程概念对模型进行编程，并设计创新的解决方案。这些编程概念包括所有程序设计所必需的功能和流程，在程序设计库中按照功能进行了分类，并以模块化方式显示，有助于初学程序的中小学生实现程序设计。

1. 程序结构

在 WeDo 2.0 中，模块化的设计使得学生想要赋予他们创造的机器人生命时，可以拖动程序条上的程序块来创建程序链（相当于 C 语言中的源程序）。他们可以创建多个程序链，实现在编程中需要的判断、条件和循环等基本功能，但每个程序链都需要一个“启动块”来启动。

以下分类介绍 WeDo 2.0 编程过程中的重要模块和使用方法。

(1) 启动块(Start Block)

单击启动块，可以启动程序链。执行程序块相应的动作，直到程序结束为止。图 B-1 中给出了启动块的形式和使用方式。

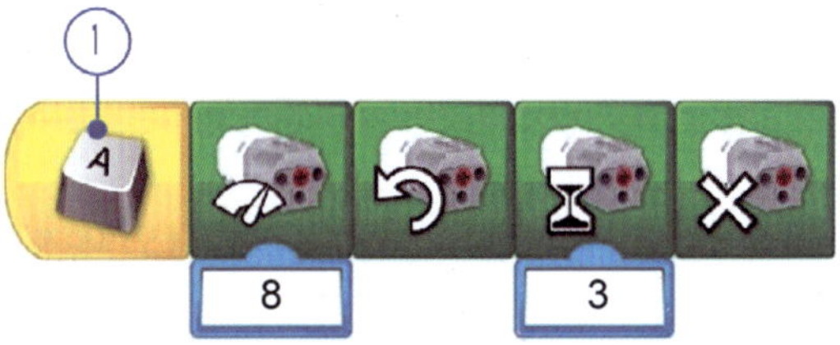

图 B-1　启动块

(2) 程序块(Programming Block)

程序块用于 WeDo 2.0 软件程序链中。使用这些带有符号的程序块来取代文本代码。图 B-1 中给出了各种程序块的示例。

(3) 程序链(Program String)

程序链将程序块连接到一起，程序块按次序执行。程序链的最后一个程序块标志着程序结束。图 B-1 是程序链的示例。

2. 编程原则

程序的编写是将设计的思路付诸实施的过程，学生要提前根据项目的要求来计划和构思自己的程序，确定操作的执行顺序。他们可以采用流程图或者伪代码的方式记录下每一步编程操作的顺序和要求，也可以采用思维导图的方式。在编写解决方案程序链的过程中，学生需要实施一系列操作并遵循一定原则，来为他们的模型赋予生命。

以下是 WeDo 2.0 软件中可以使用的一些最简单的编程原则。

(1) 输出(Output)

输出由学生编写的程序所控制。WeDo 2.0 中的输出包括声音、光线、显示以及转向马达的开和关,如图 B-2 中的①所示。

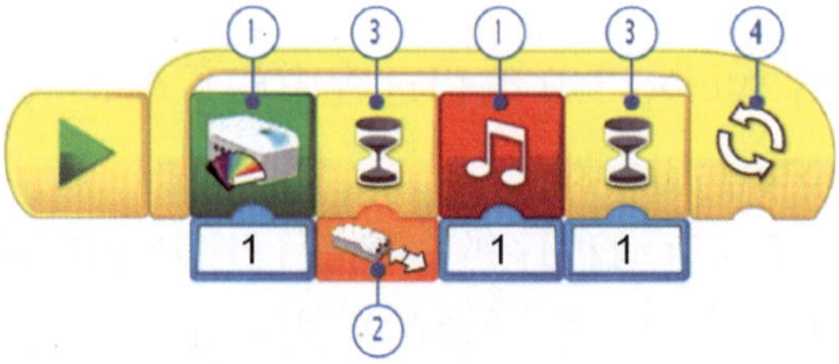

图 B-2　编程原则

(2) 输入(Input)

输入是计算机或设备接收的信息。可以通过传感器以数字或文本值的形式进行输入。例如,传感器检测或测量一些数据(例如距离),然后将值转换为数字输入信号,使其可以在程序中使用,如图 B-2 中的②所示。

(3) 事件(等待)(Events(Wait for))

学生可以让程序在特定事件发生后再继续执行操作序列。程序可以等待一定时间,或是等待传感器检测到特定事件发生之后再执行,如图 B-2 中的③所示。

(4) 循环(Loop)

学生可以将操作编程为无限重复或是在特定时间内重复,如图 B-2 中的④所示。

(5) 功能(Functions)

功能是指可以在特定情况下一同使用的一组操作。例如,一组可以使光线闪烁的程序块可以称为"闪烁功能"。

(6) 条件(Conditions)

学生可以使用条件来设计一些只在特定情况下执行的操作。在程序中创建条件意味着:如果一直没有满足条件,那么一部分程序将永远不会执行。例如,设定倾斜传感器向彼侧倾斜时马达启动,向此侧倾斜时马达停止；那么，如果倾斜传感器从来没有向彼侧倾斜，则马达将永远不会启动，如果传感器从来没有向此侧倾斜，则马达将永远不会停止。

3. 不同的程序链类型

(1) 顺序序列

在顺序序列中，程序块按照线性顺序逐个放置。在编程时，将按照程序块的放置顺序依次执行操作。

(2) 并行序列

当希望同时执行两个或者更多操作时，应使用并行序列。在这种情况下，应将程序块放在不同的程序链上，并使用 WeDo 2.0 中的不同技术同时执行。

4. 伪代码(Pseudocode)

程序链是计算机能理解的代码，而伪代码则是以人们能理解的方式对程序进行设计。好的伪代码可以用通俗的语言反映程序结构与执行过程。

在 WeDo 2.0 中，还可以使用伪代码来描述序列中的每个步骤。编写伪代码时没有具体的规则，但是采用一致的结构将有助于编程思想的形成。

例 B-1　Example One

启动程序 Start program

以功率 1 启动马达 Start motor at power 1

等待 1s Wait for 1 second

例 B-2　Example Two

当按 A 时启动程序

Start program when “A” is pressed

等待倾斜传感器检测到震动

Wait for Tilt Sensor to detect Shake

顺时针运转启动马达

Start motor this way

始终重复第 2 步和第 3 步

Repeat steps 2 and 3 forever

例 B-3 Example Three（本例执行的程序链如图 B-3 所示）

图 B-3 程序链

当按 A 时启动程序

Start program when “A” is pressed

等待倾斜传感器检测到“不倾斜”

Wait for Tilt Sensor to detect No Tilt

停止马达

Stop motor

开启 LED 并显示颜色 9（红色）

Turn LED on color 9 (red)

始终重复第 2 步到第 4 步

Repeat steps 2 and 4 forever

5. 流程块介绍

（1）启动块（Start Block）

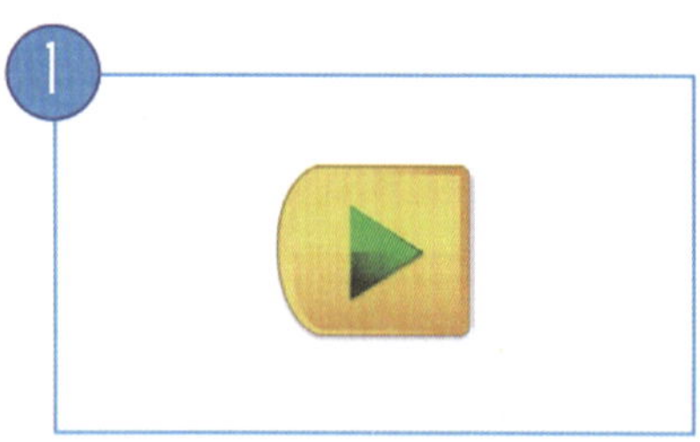

图 B-4 启动块

使用时，应始终放在程序链的开头。按下启动块将启动你编写的程序链，如图 B-4 所示为启动块。

伪代码：启动程序

（2）信息块（Start On Message Block）

应始终放在程序链的开头。它将等到接收正确的信息后再启动你编写的程序链。如图 B-5 所示为接收信息块。

伪代码：接收到消息 “abc” 时启动程序

(3) 发送信息(Send Message)

向程序条发送一条信息，将启动所有具有相同信息的信息启动块。信息格式可以是文本或数字。如图 B-6 所示为发送信息块。

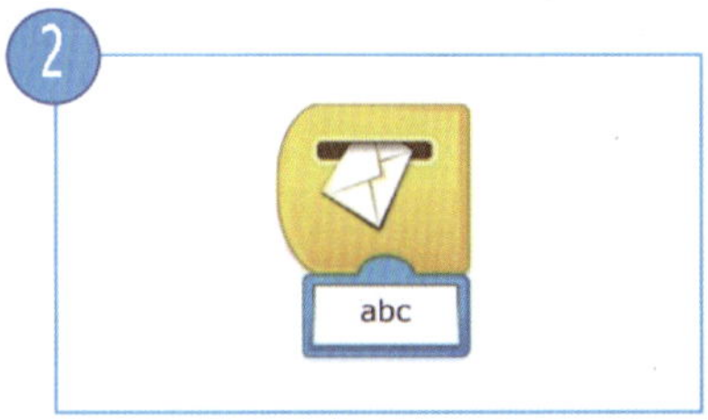

图 B-5　接收信息块

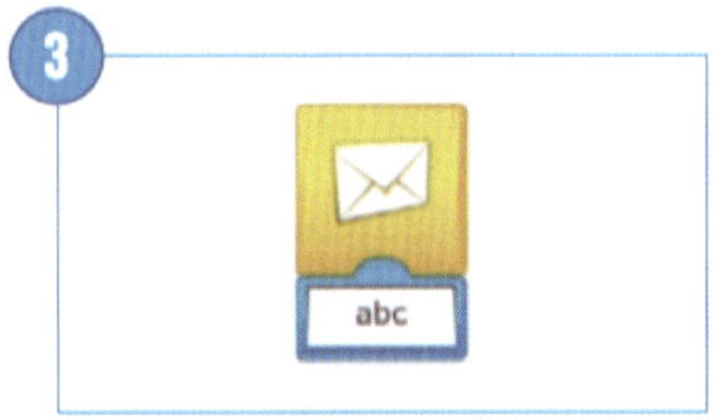

图 B-6　发送信息块

伪代码：发送信息“abc”

(4) 等待(Wait For)

可使用此程序块告诉程序等待特定事件发生。这样可以使程序在等待设定时长或传感器输入特定信息后再执行。此程序块需要输入才能正常运行。如图 B-7 所示为等待。在 WeDo 编程中，此模块相当于其他编程语言(如 C 语言)中的“选择”功能。

伪代码：等待 1s

(5) 重复块(Repeat Block)

也称为“循环块”。使用此程序块重复操作，放在重复块内的程序块将循环执行。循环可以无限重复、在一段时间内重复或在发生特定事件后停止。如图 B-8 所示为重复块。

图 B-7　等待

图 B-8　重复块

伪代码：无限重复步骤 ……

(6) 按键块(Start On Key Press Block)

使用时，应始终放在程序链的开头。按下此程序块，或在键盘上按下正确的字母，启动你编写的程序链。与此同时，具有相同字母的所有程序链也将启动。要更改启动字母，可长按程序块进入键盘。如图 B-9 所示为按键块。

伪代码：单击 A 启动程序

6. 输入马达块介绍

(1) 马达右转块(Motor This Way Block)

设置马达按所示方向转动轮轴，启动马达。单击程序块可快速更改旋转方向。如图 B-10 所示为马达右转块。

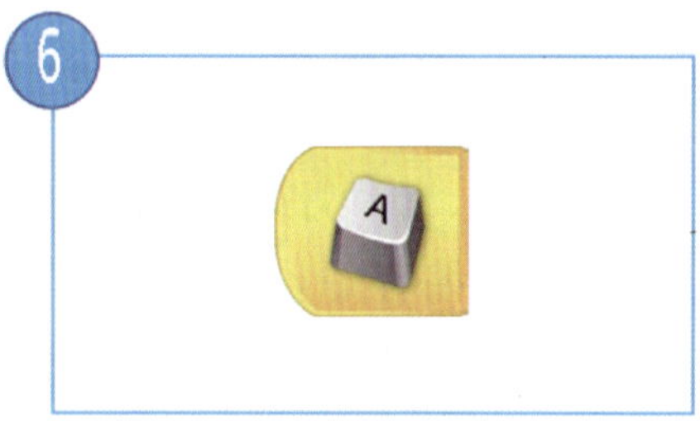

图 B-9 按键块

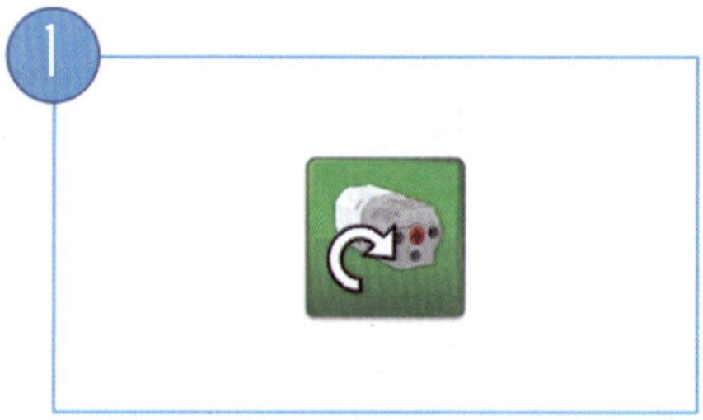

图 B-10 马达右转块

伪代码：顺时针运转启动马达

(2) 马达左转块(Motor That Way Block)

设置马达按所示方向转动轮轴，启动马达。单击程序块可快速更改旋转方向。如图 B-11 所示为马达左转块。

伪代码：逆时针运转启动马达

(3) 马达功率块(Motor Power Block)

设置在马达功率到达一定水平时启动马达。可以输入 0 到 10 的数值来设置功率水平。如图 B-12 所示为马达功率块。

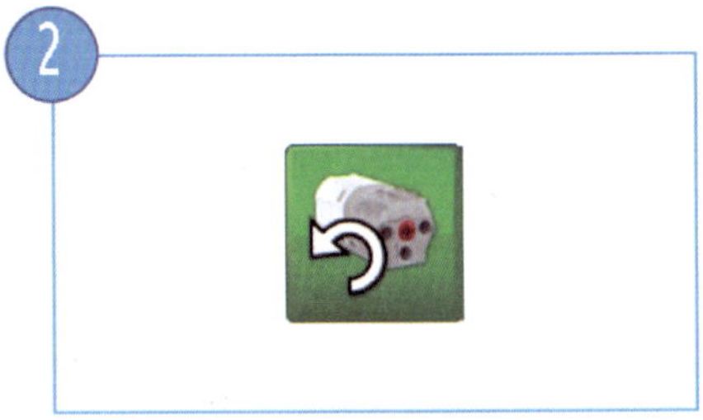

图 B-11　马达左转块

图 B-12　马达功率块

伪代码：以功率 8 启动马达

(4) 马达运行块(Motor On For Block)

设置马达运行指定时长(以秒为单位)。可以通过输入数值来设置时长，可以使用整数或小数。如图 B-13 所示为马达运行块。

伪代码：运行马达 1s

(5) 马达停止块(Motor Off Block)

停止马达的任何移动。如图 B-14 所示为马达停止块。

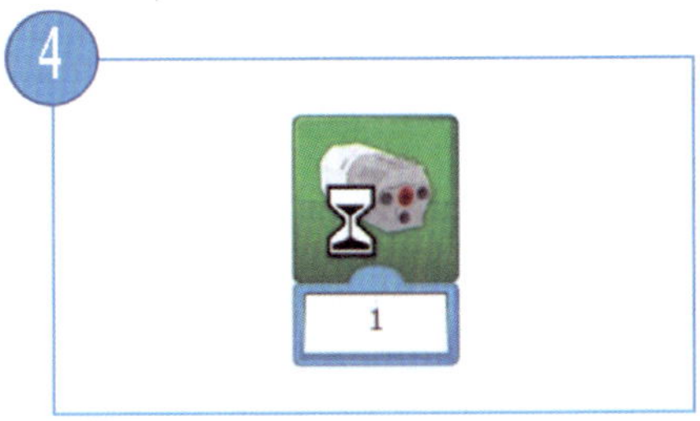

图 B-13　马达运行块

图 B-14　马达停止块

伪代码：停止马达

7. 传感器变化输入介绍

(1) 任何距离(Any Distance Change)

向程序块输入运动传感器模式“任何距离变化”。如图 B-15 所示为任何距离模式。

(2) 近距离(Distance Change Closer)

向程序块输入运动传感器模式“传感器和物体之间的距离变近”。

如图 B-16 所示为距离模式。

图 B-15　任何距离模式

图 B-16　近距离模式

（3）远距离（Distance Change Further）

向程序块输入运动传感器模式“传感器和物体之间的距离变远”。如图 B-17 所示为远距离模式。

（4）震动（Shake）

向程序块输入倾斜传感器模式“震动”。如图 B-18 所示为震动模式。

图 B-17　远距离模式

图 B-18　震动模式

（5）向下倾斜（Tilt Down）

向程序块输入倾斜传感器模式“向下倾斜”。如图 B-19 所示为向下倾斜模式。

（6）向上倾斜（Tilt Up）

向程序块输入倾斜传感器模式“向上倾斜”。如图 B-20 所示为向上倾斜模式。

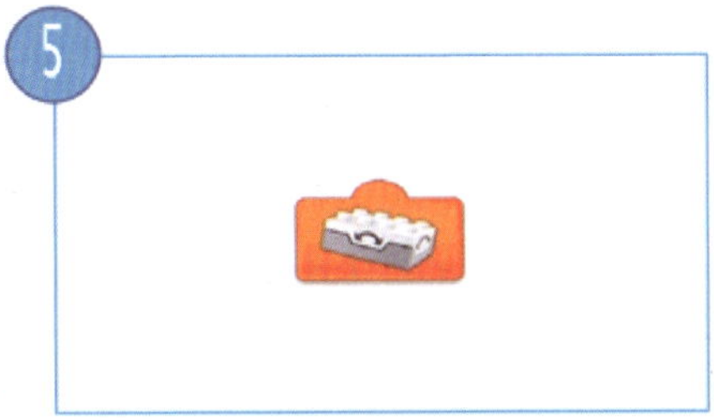

图 B-19 向下倾斜模式

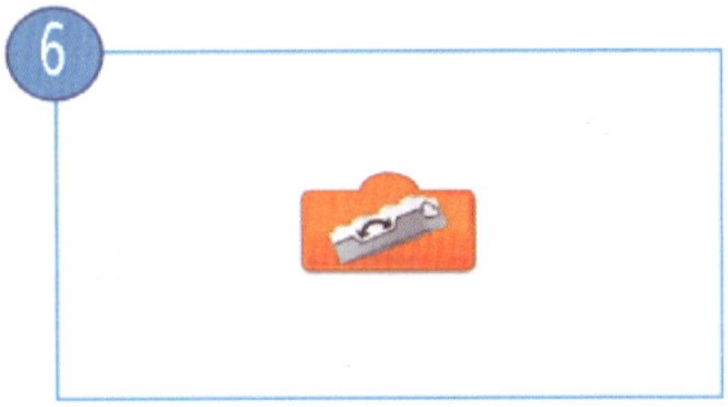

图 B-20 向上倾斜模式

（7）向彼侧倾斜（Tilt Left）

向程序块输入倾斜传感器模式“向彼侧倾斜”。如图 B-21 所示为向彼侧倾斜模式。

（8）向此侧倾斜（Tilt Right）

向程序块输入倾斜传感器模式“向此侧倾斜”。如图 B-22 所示为向此侧倾斜模式。

图 B-21 向彼侧倾斜模式

图 B-22 向此侧倾斜模式

附录 C　WeDo 2.0 基础模型

1. 部件名称(Part Name)：齿轮(Gear)

齿轮是一个有齿的圆盘，可通过旋转使其他部件移动。自行车上就有齿轮，它们和链条连接在一起。多个齿轮啮合传动就形成了图 C-1 所示的“齿轮传动链”。

本书中用到该基础模型的项目有：跳舞的鸟、足球守门员、植物传粉、预防洪水、陀螺发射器等。

图 C-1　齿轮传动链

齿轮类型(Types of Gear Trains)

加速齿轮：大齿轮驱动小齿轮，产生较大的旋转动力。

减速齿轮：小齿轮驱动大齿轮，产生较小的旋转动力。

用于设计库中的以下基础模型：行走、旋转、转向。

2. 部件名称(Part Name)：锥齿轮(Bevel Gear)

锥齿轮带有尖角，它可以垂直啮合于另一个齿轮，改变轴心的旋转。如图 C-2 所示为垂直啮合模型。

用于设计库中的以下基础模型：左右摇摆、摇摆、推动、转向。

本书中用到该基础模型的项目有：赛车、联合收割机。

3. 部件名称(Part Name)：齿轮条(Rack)

齿轮条是一个齿条与圆形齿轮组合在一起的平面部件，如图 C-3 所示。这组齿轮改变了常规的旋转模式——齿轮的直线运动。

图 C-2　垂直啮合模型

图 C-3　齿轮条

用于设计库中的以下基础模型：推动(Push)。

本书中用到该基础模型的项目有饥饿的鳄鱼、自动感应门等。

4. 部件名称(Part Name)：螺旋齿轮(Worm Gear)

螺旋齿轮看似像螺丝，可以与齿轮啮合。螺旋齿轮是为了驱动普通齿轮而设定，但齿轮不可推动螺旋齿轮，这也是刹车的原理。如图 C-4 所示为蜗轮蜗杆箱模型。

本书中用到该基础模型的项目有：大象、剑龙、逃跑的巨人等。

5. 部件名称(Part Name)：连杆(Beam)

连杆用于连接旋转部分，成为一个活塞，如图 C-5 所示。活塞是机器的一个运动部件，可将马达产生的能量转变成向上/向下或向前/向后的运动动力。活塞可以推、拉或驱动同台机器上的其他部件。

图 C-4　蜗轮蜗杆箱模型

图 C-5　连杆结构

本书中用到该基础模型的项目有：叉车、毛毛虫、会飞的鸟、巨脉蜻蜓、大象、剑龙、乌龟等。

6. 部件名称(Part Name)：轮胎(Wheels)

轮胎是一个通过旋转轴制造推进动力的圆形组件，如图 C-6 所示。用于设计库中的以下基础模型：摇摆、直线行驶、行驶。

图 C-6　轮胎

本书中用到该模型的项目属于小车类作品，主要充当小车的轮胎，比如赛车、扫地车、叉车等。

7. 部件名称(Part Name):滑轮(Pulley)

滑轮带有槽,可使皮带嵌于其中。皮带就像一根橡皮筋,连接着模型的另一个部分,使其可以转动,并将转动状态传送到模型的另一部分。如图 C-7 所示为滑轮。

本书中用到该基础模型的有:速度、青蛙的成长周期、废品分类回收、联合收割机、扫地车、跳舞的鸟、饥饿的鳄鱼等。

加速滑轮是一个大滑轮带动小滑轮,可以产生更多的旋转动作,如图 C-8 所示。

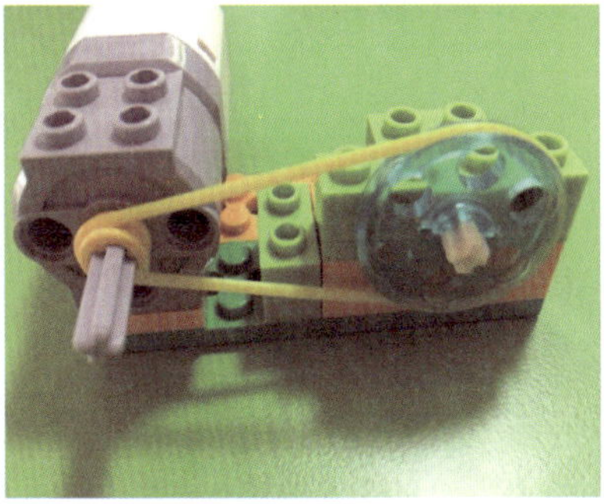

图 C-7　滑轮

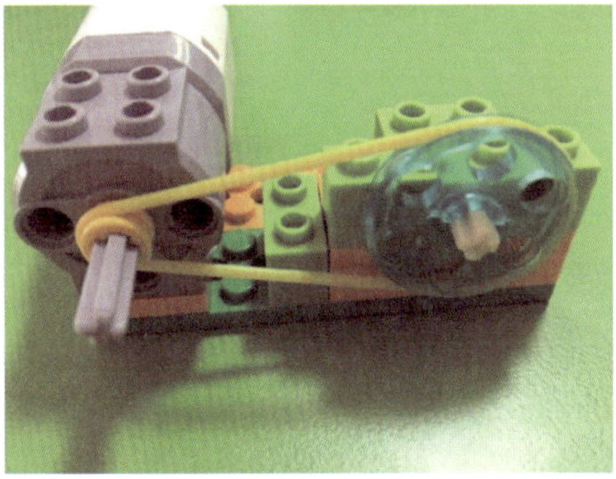

图 C-8　加速滑轮

减速滑轮是一个小滑轮带动大滑轮,可以产生更少的旋转动作,如图 C-9 所示。

图 C-9　减速齿轮

交叉滑轮是用于构成相互平行但以反方向旋转的两个轴，如图 C-10 所示。

图 C-10　交叉滑轮

参 考 文 献

[1] Sarah Dees. 50个超棒的乐高创意搭建[M]. 北京：人民邮电出版社，2017.

[2] Bedford A. 乐高搭建指南[M]. 2版. 王睿，译. 北京：人民邮电出版社，2014.

[3] Krasemann H，Friedrichs M. 玩转乐高 BOOST：超好玩的创意搭建编程指南[M]. 北京：机械工业出版社，2019.

[4] 沃伦·埃尔斯莫尔. 乐高创意指南——电影世界[M]. 卢冰，孟辉，韦皓文，译. 北京：人民邮电出版社，2015.

[5] 尤阿希姆·克朗. 跟着大师玩乐高 奇妙的交通工具[M]. 北京：人民邮电出版社，2017.

[6] Trobaugh J J. 乐高机器人 EV3 设计与竞赛指南[M]. 北京：人民邮电出版社，2018.

[7] 莎丽·拉斯特. 乐高创意手册[M]. 毛光明，等译. 北京：科学普及出版社，2014.

[8] 索尼国际教育公司. 神奇的逻辑思维游戏 [M]. 2版. 北京：北京日报出版社，2015.

[9] 戴乐高. 乐高妙妙屋[M]. 北京：人民邮电出版社，2017.

[10] 任友群. 乐高教育 STEAM 基础教程[M]. 上海：华东师范大学出版社，2019.

[11] 乐高教育 WeDo 2.0 课程包[EB/OL]. [2019-8-14]. https://education.lego.com/zh-cn/downloads.